남는 건
사랑뿐일세

남는 건 사랑뿐일세

황숙희 지음
Hwang Sook Hee

All that remains is love

차례

추천사

감사와 말씀으로 가득한 삶 / 문희수 … 8

삶과 신앙의 지혜서 / 이상준 … 12

편집인 서문

봄샘에서 퍼올린 사랑의 묘약 / 이영복 … 22

Part 1. 코람데오

하나님께 쓰임받는 사람 … 38

백향목 같은 믿음 … 42

예수 그리스도를 누리는 삶 … 47

나그네 인생 … 61

하나님의 긍정 … 66

시대를 구하는 기도와 사역 … 69

포도나무이신 예수님 … 74

Part 2. 스위트 홈

어머니는 축복의 통로 … 82

아름다운 가정 … 84

가정을 위한 기도 … 86

부부를 위한 글 … 88

제일 행복한 것, 사랑 … 89

감추어진 보화 … 91

사랑의 노래 … 95

품위 있는 여성 … 97

남편 원치승 추도예배 기도문 … 99

큰아들 손에 쥐어준 쪽지 … 105

2017년 끝자락의 반가운 소식 … 107

책 영어제목 선택 … 110

Part 3. 황혼의 단상(斷想)

아름다운 삶 … 116

기쁨과 찬양이 넘치는 삶 … 118

영원한 생명을 바라보다 … 120

참 지혜 … 122

안식 … 123

우주 속의 나 … 125

빛나는 황혼 … 127

황혼의 태양이 더 붉게 이글거린다 … 129

젊음을 부러워하지 말자 … 132

강건한 믿음 … 134

하나님의 약속을 붙들다 … 136

축복 … 139

한 송이 꽃처럼 … 140

웃음의 힘 … 141

주님을 의지하는 복 … 144

하루를 산다는 것은 … 146

Part 4. 사하리 폭포에서 봄샘을 그리며

사하리 폭포에서 봄샘을 그리며 … 150
천국에 계신 어머님을 그리면서 … 164
우리 할머니는요 … 171
My Grandmother's Hands … 175
When I think of my Grandma … 184

추천사
감사와 말씀으로 가득한 삶

문희수(삼청감리교회 담임목사)

우리의 연수가 칠십이요 강건하면 팔십이라도, 그 연수의 자랑은 수고와 슬픔뿐이요, 빠르게 지나가니, 마치 날아가는 것 같습니다. 주님의 분노의 위력을 누가 알 수 있겠으며, 주님의 진노의 위세를 누가 알 수 있겠습니까? 우리에게 우리의 날을 세는 법을 가르쳐 주셔서 지혜의 마음을 얻게 해주십시오. 주님, 돌아와 주십시오. 언제까지입니까? 주님의 종들을 불쌍히 여겨 주십시오. 아침에는 주님의 사랑으로 우리를 채워 주시고, 평생토록 우리가 기뻐하고 즐거워하게 해주십시오. 우리를 괴롭게 하신 날 수만큼, 우리가 재난을 당한 햇수만큼, 우리에게 즐거움을 주십시오. 주님의 종들에게 주님께서 하신 일을 드러내 주시고, 그 자손에게는 주님의 영광을 나타내 주십시오. 주 우리 하나님, 우리에게 은총을 베푸셔서, 우리의 손으로 하는 일이 견실하게 하여 주십시오. 우리의 손으로 하는 일이 견실하게 하여 주십시오. (시편 90편 10~17절, 새번역)

황숙희 권사님을 생각할 때 가장 먼저 떠오르는 성경 말씀은 시편 90편에 기록된 모세의 기도입니다. 이 말씀대로 우리에게 주어진 삶의 시간은 대개 칠십 년이나 팔십 년에 불과하지만, 권사님은 하나님께서 주신 장수의 복을 풍성하게 누리고 계십니다. 그 비결은 무엇일까요?

권사님을 찾아뵐 때마다 느끼는 것은 연세에도 불구하고 늘 주변 사람들과 상황에 대해 감사가 넘친다는 점입니다. 감사는 오늘의 나를 새롭게 발견하는 힘이며, 내 삶이 스스로의 힘으로 지속되지 않음을 인정하는 겸손의 표현입니다. 우리의 하루하루가 실은 하나님께서 주시는 시간의 선물임을 생각할 때, 권사님께서는 이러한 선물을 계속 받으실 수밖에 없는 분인 것이지요.

또한 권사님은 자신이 받은 하나님의 말씀을 늘 깊이 묵상하고 계십니다. 말씀을 읽고 묵상하고 더 나아가 이를 삶에 내면화한다는 것은 단순한 독서 습관이 아니라 우리를 거룩한 존재로 변해가게 하는 길고 지난한 여정입니다. 쓰신 글 가운데 '코람데오' 편을 보면, 우리가 '렉시오 디비나(Lectio Divina)'라고 부르는 거룩한 읽기가 습관을 넘어 권사님 삶의 일부가 되어 있음을 잘 알 수 있습니다.

감사와 말씀! 황숙희 권사님의 삶을 통해 저는 하나님께서 우리에게 허락하시는 복의 비결을 깨닫습니다. 백수(白壽)를 진심으로 축하드리며 모쪼록 권사님과 이 책을 통해 "주님께서 하신 일을 드러내 주시고, 그 자손에게는 주님의 영광을 나타내"(시 90편 16절) 주시기를 기도합니다.

추천사

삶과 신앙의 지혜서

이상준(양재 온누리교회 담당목사)

이 책 〈남는 건 사랑뿐일세〉를 처음 접한 것은 선교 사역으로 노년을 불태우고 계시는 한 장로님을 통해서였습니다. 몽골국제대학에서 그 어떤 선교사보다 열정을 다해 갈렙처럼 사역하시는 원우현 장로님과는 이메일로 자주 사역과 신앙에 관한 교제를 나누고 있었습니다. 몽골의 후학 양성에 심혈을 기울이실 뿐 아니라 현지 목회자들과 성도, 교회들을 직접 찾아가서 격려하고 섬기시는 모습에 큰 감동을 받고 있었던 터였습니다. 그런데 이 책을 읽고 나서 원 장로님의 헌신적인 사역의 원천과 비밀을 알 수 있었습니다.

이 책 〈남는 건 사랑뿐일세〉의 저자는 백수(白壽)를 앞두고 계신 원 장로님의 모친 되시는 황숙희 권사님이십니다. 아호 '춘천(春泉)'의 의미 그대로, 봄샘처럼 살고 계시는 분입니다. 원고를 펼쳐 들고 한 문장 한 문장을 읽으면서 제 영혼에 불꽃이 일어남을 느꼈습니다. 첫째는 필력 때문이었습니다. 어떻게 이렇게 담백하면서도 풍성하고, 간결하면서도 깊이 있는 글을 쓰셨을까! 둘째는 통찰력 때문이었습니다. 정치, 외교 뿐 아니라 문학과 철학, 인생과 신앙에 대한 글에는 지혜의 샘이 솟고 있습니다. 셋째는 사랑 때문이었습니다. 이 책은 크게 세 부분으로 나눠져 있지만 결국 '신 앞에 선 단독자'로서의 인간 존재의 본질을 '사랑'이라는 얼개로 엮어놓은 책입니다. 저자의 삶이 사랑함으로 충만했기에 계속해서 반복되는 테마곡이 '사랑'일 수밖에 없다는 점이 가장 감동적이었습니다.

1장 '코람데오'의 첫 번째 글에서 권사님의 인생철학과 신앙고백이 나옵니다. 어떻게 하면 시편 92편에서 말하는 '늙어도 빛이 청청한 인생'이 될 것인가? 그런 인생은 노년에도 할 수 있다는 긍정으로 일하는 인생이며 쓸모 있는 인생이라고, 그런데 그런 인생이 아름다운 것은 남에게 도움이 되기 때문이라고 말씀합니다. 너무나 간결한 이야기지만, 노년이 될수록 도움 받는 인생이 아니라 돕는 인생, 사랑받기를 기다리는 인생이 아니라 열심히 사랑하며 사는 인생이 되라는 저자의 삶의 고백입니다.

그런데 여기에 저자가 영육 간에 청청한 빛을 내며 백수를 누리신 비결이 담겨 있습니다. 권사님의 삶의 증언 앞에 모든 상대적 청춘들은 귀담아 들어야 할 것입니다. 책 곳곳에서 권사님은 죽음을 묵상하게 되는 노년이지만 죽음을 두려워하지 않고 부활 소망으로 오늘을 살 때 매일을 영원한 청춘으로 살 수 있음을 역설합니다. 생사의 주관자는 하나님이시니 죽음은 하나님께 맡기고 주어진 오늘이라는 삶을 사는 것! 그것이 인생의 지혜라는 것입니다. 선악과(善惡果)만이 주님의 주권 아래 있는 게 아니라 생사지로(生死之路) 또한 주님의 주권 아래 있다는 신앙 고백입니다. 인간이 하나님의 것을 걱정 근심하면 감당할 수 없는 영과 육의 허약(虛弱)에 빠지지만, 하나님의 것을 하나님께 맡기는 신뢰 가운데 내게 주어진 오늘에 최선의 헌신을 드리면 삶이 그지없이 충만하고 행복해진다는 것입니다. 그래서 경주자가 결승선(Finish Line)을 향해 다가갈수록 "이제 끝이구나!" 탄식하는 게 아니라 "이제 영광의 시작이구나!" 기대하게 되니, 오히려 라스트 스퍼트(Last Spurt)를 하게 되는 원리입니다. 이처럼 노년은 생(生)에서 가장 연약한 구간이자 가장 힘찬 구간이 되는 법입니다! 육신은 지쳐가지만 영혼은 혼신의 힘을 다하기 때문입니다. 황숙희 권사님께서 어떻게 그렇게 백년을 심신과 영육이 청청하게 사셨는가 했더니, 이 비결을 터득하신 것이 답이었습니다.

2장 '스위트 홈'의 마지막 글에서 몽골로 떠나는 아

들에게 쥐어주신 쪽지에 써 주신 글이 또한 얼마나 감동인지요. "사명에 집중하는 한 주님은 그 사명을 이루시기 위하여 너를 반드시 지키고 능력을 주실 것이다." 여느 어머님처럼 건강 조심하고 식사 잘 챙기라는 말씀이 아닙니다. 선교사의 길을 가는 칠순의 아들에게 어머님은 사명을 강조하고 계십니다. 출사표를 던지고 전장(戰場)으로 출정하는 아들에게 목숨을 아끼지 않고 싸워야 목숨을 지키는 것이라는 말씀을 해 주시는 어머님, 당신 자신도 그런 사명자의 삶을 살아 오셨기에 아들에게 담대하게 사명자의 축복을 선언해 주시는 어머님, 대한민국에 이런 믿음의 어머님들이 계시기에 이제까지 조국을 지키고 천국을 맛보며 살 수 있었음에 고개 숙여 하나님께 감사를 드리지 않을 수 없습니다.

3장 '황혼의 단상'에서 저자는 참 지혜가 '사랑'이라고 다시 한 번 백 년 삶의 정수를 고백하십니다. 또한 행복은 사람이 얼마나 오래 사느냐가 아니라 어떻게 사느냐, 하나님을 사랑하며 살았는가 그리고 이웃을 사랑하며 살았는가에 달려 있다는 것입니다. 그렇게 사랑하며 사는 사람은 찬란한 끝 날이 가까이 올수록 그리스도의 향기가 진하게 드러나는 삶이 됩니다. 그래서 황 권사님은 "황혼의 태양이 더 붉게 이글거린다."고 선언합니다. 권사님은 영원한 하나님의 본질인 사랑에 잠겨 살고 계시니, 권사님께는 내세(來世)가 종교적 개념이나 교리가 아니라 존재의 뿌리에서 자라나 현세(現世)의 삶으로 맺은 열매입니다. 감탄이 절로 나오고 정말 이런 인생의 황혼기를 살고 싶다는 간절한 기도가 가슴 속에 충만해집니다.

　마지막 글 '하루를 산다는 것은'에서 순간이 하루를 만들고, 하루가 일생을 만드는 것이니 하루를 마지막처럼 그리고 평생처럼 살라고 권면하십니다. 그것은 하루를 사랑으로 사는 것이라고, 하루의 삶은 칭찬과 겸손으로 그리고 하루의 끝은 반성과 감사로 살라고 조언합니다. 결국 '칭찬과 겸손'은 사람을 사랑함이요, '반성과 감사'는 하나님을 사랑함이니, 사랑으로 시작해서 사랑만이 남는 삶이야말로 행복한 삶이요 복된 인생이라는 뜻입니다.

　예수님께서 팔복에서 이런 말씀을 하셨습니다. "마

음이 청결한 자는 복이 있나니 그들이 하나님을 볼 것임이요."(마태복음 5장 8절) 이 말씀이 황숙희 권사님의 인생의 요약이 아닐는지요. 〈남는 건 사랑뿐일세〉를 읽는 내내 이 책은 솔로몬의 잠언과 전도서 못지않게, 아니 오히려 그보다 훌륭하게 고백된 삶과 신앙의 지혜서임을 느꼈습니다. 솔로몬은 하나님 없는 인생은 모두 헛될 뿐이라고 선언하면서 결론적으로 이렇게 고백하죠. "일의 결국을 다 들었으니 하나님을 경외하고 그의 명령들을 지킬지어다. 이것이 모든 사람의 본분이니라."(전도서 12장 13절) 그러나 그것은 자신이 살아내지 못한 인생의 결론이었습니다. 솔로몬에게 실망한 사람이라면, 그리고 인생의 경주에서 자기 자신에게 실망해본 사람이라면, 이 책 〈남는 건 사랑뿐일세〉를 꼭 읽어보십시오. 솔로몬이 안타깝게 고백했던 지혜로운 삶의 결론을 가장 빛나게 살고 있는 한 실존 인물의 고백의 정수를 보게 될 것입니다. 그리고 영적 도전과 감동과 소망이 일어날 것입니다. 청년들도 그리고 중년과 노년의 시기를 지나고 있는 분들도 이 책을 절대 놓치지 마십시오. 인생의 결승선 앞 어느 지점에서든 후회함 없는 삶을 선사할 것입니다.

편집인 서문
봄샘에서 퍼올린 사랑의 묘약

이영복(도서출판다비다 편집장)

황숙희 권사님의 〈남는 건 사랑뿐일세〉는 '백수(白壽)로 이어진 삶과 신앙의 지혜서'로 열독자들에게 알려져 있습니다. 2018년 1월 10일에 1쇄를 발간한 후, 한 달 만인 2월 10일에 2쇄를 발간했으며, 황 권사님이 세상을 떠나시기 8일 전인 2019년 5월 1일에 3쇄를 발간했습니다. 황 권사님께서 돌아가신 후에도 책을 찾는 사람들이 끊이지 않아 매진된 책을 찍으려 준비해오던 중 마침 2021년 5월 9일, 황 권사님의 소천 2주기를 맞아 4쇄를 내놓게 되었습니다.

〈남는 건 사랑뿐일세〉가 마치 샘물이 마르지 않고 계속 솟아나는 것처럼 인쇄를 거듭하게 된 것에 대하여, 저는 황 권사님의 100년 달력의 시간인 크로노스의 시간을 넘어 하나님께서 섭리하고 계획하신 카이로스의 시간이 빚어낸 선물이라는 생각을 떨칠 수가 없습니다.

2018년 벽두에 책을 내기까지의 일들이 3년이 훌쩍 지났는데도 엊그제의 일처럼 생생히 떠오릅니다. 온누리교회의 선교사역장로로서 몽골국제대학에서 학생들을 가르치며 복음을 전하고 계시던 저자의 큰아들 원우현 장로님으로부터 이메일 한 통을 받고서 시작된 일입니다. 백수를 바라보시는 어머님 황숙희 권사님이 노년에 쓰신 글들을 보내니 책으로 내도 좋을지 한번 봐달라는 내용이었습니다. 시간을 내어 어머님을 찾아뵈어 달라는 추신도 덧붙였고요.

원고를 받아본 저는 "과연 이 글들이 저자가 노년에 직접 쓰신 글인가?"라는 의문이 들었습니다. 글의 내용이 노년이 썼다고 보기엔 너무도 반듯하고 명쾌했기 때문입니다. 가장 최근에 쓴 글은 2017년 3월 25일 남편 추도예배 기도문과 8월 13일 큰아들 원우현 장로님이 몽골선교사역을 떠날 때 건네준 종이쪽지 글이었습니다. 원우현 장로님께 어머님이 직접 쓰신 것인지 여쭈어보았더니 그렇다고 하셨습니다. "힘드실 텐데 왜 글을 자꾸 쓰시느냐?"고 아들이 걱정스레 질문하면 이런저런 노환으로 인한 육신의 고통을 달래기 위해서라고

대답하셨답니다. 특히 몽골로 떠날 때 어머님이 손에 쥐어주신 쪽지를 공항에서 펴보니 또박또박 손수 쓰신 편지였는데, "사명에 집중하는 한 주님은 그 사명을 이루시기 위하여 너를 반드시 지키고 능력을 주실 것이다."라는 노모의 격려와 기도를 담은 사랑에 70대 중반인 아들의 눈시울이 절로 붉어졌다는 이야기도 전해주셨습니다.

실제로 저자는 2008년 1월 1일에 삼청감리교회 명예권사님으로서 〈황혼의 태양이 더 붉게 이글거린다〉라는 책을 낸 적이 있을 정도로 글쓰기를 좋아하시고 순간순간 류마티스 통증이 찾아오면 그냥 펜을 드셨다고 합니다. 여든 즈음에 쓰신 그 때의 글 일부는 이 책에도 실려 있습니다.

  원 장로님이 이메일로 보내주신 원고를 뽑아 들고 가양동으로 저자를 찾아뵈었습니다. 원 장로님은 제가 저자의 노년 집필에 대해 의문을 가졌던 것을 기억하고 저자의 친필 원고를 가져와 보여주시고, 2014년부터 2016년까지 서울 시니어스 문예집에 응모하여 실린 저자의 시와 수필도 펴 보여주셨습니다. 저자와 함께 사진도 몇 장 찍고 책을 내는 것에 관한 이야기를 나누었습니다. 백수를 앞둔 저자의 주름진 얼굴에는 청청한 빛이 났습니다. 저자는 이 세상을 떠날 때까지 예배하는 심정으로 성경구절을 필사하고 글도 쓰시면서 세상을 잊고 하늘나라의 평화를 누리실 분이시라는 생각이 들었습니다.

"순간의 시간을 뜨겁게 사랑하며 살아야 한다. 하루를 사랑으로 사는 일은 너그러워지고 칭찬하고 겸손하고 진지해지는 것을 의미한다. 하루를 사랑으로 끝내는 일은 반성하고 감사한 마음을 갖는 것이다. 행복은 모든 일에 감사하며 살아가는 태도에 달려 있다."

책 속에서 저자는 순간의 시간을 뜨겁게 사랑하며 살라고 하셨습니다. 세월이 흐를수록 사랑의 열기가 식어가는 바로 저를 위한 권고라는 생각이 들었습니다. 황숙희 권사님의 아호는 '春泉(춘천)'입니다. 봄 春 샘 泉. 곧 '봄샘'입니다. 그 봄샘에서 솟는 맑은 물은 바로 사랑의 묘약이었습니다.

　봄샘에서 조심스레 퍼올린 인생의 잠언 속으로 빠져들어가면서 자연스럽게 떠오른 질문이 하나 있었습니다. 백수를 사시는 동안 어디 인생의 겨울이 없었겠느냐는 것입니다. 그런데도 저자가 언제나 봄을 노래할 수 있었던 것은 그 샘의 근원이 하나님에게서 비롯된다는 것을 아셨기에 가능했다는 것을 책 속에서 발견할 수 있었습니다. 곧 "너는 물 댄 동산 같겠고 물이 끊어지지 아니하는 샘 같을 것이라."는 이사야 58장 11절에 기록된 하나님의 약속의 말씀이 저자의 삶 속에 살아서 역사한 것입니다.

대부분 80세 이후에 틈틈이 쓴 글들을 묶은 원고지의 첫 장을 넘기는데 제 나이 40대 초반이었던 1998년 12월, '내 인생의 황혼, 그날의 고백'이란 제목의 글을 메모해 둔 기억이 나서 일기장을 열어 보았습니다. "제 인생의 황혼에 서서는 갈렙처럼 '나는 나의 하나님 여호와를 온전히 좇았습니다.(여호수아 14:8)'라고 고백할 수 있게 하소서. 그리고 주님, 그날엔 껍질을 모두 벗은 순백한 속 모습으로 하나님께 드려지게 될 것입니다만, 이 세상을 사는 동안에도 껍질보다 내용을 중시하며 살게 하소서..." 자연스레 제가 인생의 황혼의 때에 하고 싶은 고백의 글과 저자가 노년에 쓴 글들이 비교되었습니다. 제 인생의 고백이 기도였다면 저자의 글은 이미 그런 삶을 살아오셨고 그날을 겸허히 기다리는 가을꽃처럼 고운 삶의 편린들이었습니다.

저는 20대 후반에 여호수아 14장 8절 말씀 속에서 '나의 하나님'을 만났습니다. 마치 자신이 갈렙이라도 된 양 겁도 없이 '온전'이란 단어를 사용하여 아호까지 지었습니다. '주님을 온전히 좇겠노라'는 의미에서 '穩從(온종)'이라고. 그러나 이내 '온종'이란 이름이 부담스러워졌습니다. 제 삶의 수준과 온전함에 이르기까지의 간극(gap)이 너무 크게 느껴졌기 때문입니다.

온전 노이로제에 시달리면서 아호를 '작은 평온'이란 뜻의 '小穩(소온)'으로 바꿨습니다. 온전 온(穩)자 앞에 작을 소(小)자를 붙인 것이지요. 좇고 따른다는 의미의 종(從)자는 아예 빼버렸고요. 겸손이라기보다는 좌절이라고 하는 것이 적확한 표현일 겁니다. 그런데 저자는 영적 여정에서 도달할 목표와 실제로 가 있는 지점 간의 간극이 거의 없는 수준에 도달했다는 것을 글 속에서 가늠해 볼 수 있었습니다.

저자가 글들을 모아놓은 순서 또한 "나는 나의 하나님 여호와를 온전히 좇았습니다."라는 갈렙의 고백에 견고히 기초하고 있다는 것을 알고서 마음에 전율이 일어났습니다. '하나님이 나의 하나님이라는 정체성'과 '하나님을 온전히 좇는 삶'으로 구분하여 마치 사전 기획이라도 한 듯 기가 막힐 정도로 절묘하게 구획이 되었기 때문입니다.

저는 전자가 없이 후자는 불가능하다는 것을 잘 알고 있습니다. 그러기에 책의 내용을 Part1. '코람데오', 즉 '나의 하나님'이라는 분명한 정체성을 가지고 하나님 면전에 서서 한 묵상, Part2. '스위트홈', 즉 아름다운 가정에 관한 잠언, Part3. '황혼의 단상', 즉 인생의 황혼에서 하나님을 온전히 좇는 일상의 삶 이야기 등 셋으로 어렵잖게 편집할 수 있었습니다. 그리고 Part4. '사하리 폭포에서 봄샘을 그리며'에서는 권사님의 소천 2주기를 맞아 큰아들 부부와 손자 손녀들이 어머니와 할머니를 추모하며 쓴 글들을 모았습니다.

책의 말미에 원우현 장로님이 영어로 번역한 목차를 실었습니다. 모국어가 익숙하지 않은 미국의 손자, 손녀들을 위한 배려이자 선교를 위한 접촉점으로 삼기 위한 것입니다.

권사님의 책을 읽는데 제 마음 속에서는 小穩(소온) 곧 '작은 평온'을 넘어 '큰 평온'이 샘솟았습니다. 그건 봄샘이 만들어준 신비였습니다. 저자의 아호인 '春泉(춘천)'의 두 글자를 머리글자로 하고 제 아호의 마지막 자인 穩(온) 자를 맨 끝에 넣어 만든 대련(對聯, 짝을 맞춘 글귀)으로 저자에게 경의(敬意)를 표하고자 합니다.

春秋白壽 泉涌平穩(춘추백수 천용평온)

"춘추 백수(99세), 평온이 샘솟으리."는 의미입니다.

감사하게도 황 권사님은 이 땅에서 하나님께서 주시는 평온 가운데 백수를 넉넉히 누리시며 봄샘처럼 사셨고 이제는 하늘나라에서 영생하고 계십니다. 이 책을 읽는 모든 독자들에게 황 권사님이 하나님과 동행하며 경험하셨던 평온이 샘물처럼 흘러가기를 기도합니다.

권사님께서 이 책을 통해 유언처럼 남겨주신 "남는 건 사랑뿐일세."라는 말씀이 귀에 쟁쟁합니다. 그리고 많이 그립습니다.

2021년 5월

이영복(온누리교회 장로)

세상 빛으로 오신 주님 암흑하고 어두운 이 때에 소망과 주안에서 의로워지 와 기쁨을 되게 하소서 IMF 시대를 당하여 영적으로 정치 경제적으로 모든분야에서 너무나 암울하고 온국민이 갈길못하자 해매이며 너무나 어려운 이때에 모두 한마음으로 합하여 옷기를 어깨에 휘게하며 정신차려 IMF에 어려움을 발판으로 딛고일어나 신앙에 회복 경제적 의회복 되게하시고 황무지가 변하여 장미꽃이 되고 왕같은 나라 제사장 나라로 세워 주시옵소서. O 많이 만나 줌

Part 1

코람데오

(Coram Deo)

하나님께 쓰임받는 사람

변화 속에서 불가항력적으로 겪어야 했던 어려운 일들을 무사히 넘기고 오늘에 이를 수 있었던 것은 하나님의 은총이다. 갈렙 인생의 하이라이트는 80대였다. 흥미 있는 것은 85세에 40대처럼 힘이 왕성했다는 것이다. 갈렙은 모세에게 약속받은 헤브론 땅을 요구하였다. 헤브론에 사는 아낙 자손과 싸워 그 성을 자신의 소유로 삼기 원했다. 갈렙은 크나큰 과제를 선택했다. 자신의 능력에 대해 자신감이 있었던 것이 아니라 하나님이 함께하신다는 사실을 믿었다. 눈을 번쩍이며 강한 목소리로 결론짓기를 "하나님께서 나를 도우시면 말씀하신 대로 내가 반드시 그들을 쫓아낼 것"이라고 했고, 마침내 아낙 자손을 쫓아냈다. 갈렙은 하나님의 뜻과 약속을 확신함으로써 85세에도 청춘같이 힘이 왕성했고 용기와 담대함으로 활동하였다. 부와 건강의 축복도 받았다.

늙어도 결실하며 진액이 풍족하고 빛이 청청한 인생. 세상에서 가장 아름다운 사람은 일하는 사람이라고 생각한다. 젊은 사람이 일하는 것도 아름답지만 나이 든 사람이 무엇인가에 열중하는 모습은 보석같이 빛나 보인다. 사람은 생활 능력이 있다고 해서 놀고먹으며 아무것도 안하고 살 수만은 없다. 나이든 사람보다 이상을 잃고 게으른 사람이 더 늙어 보인다.

"I can do it.", "하나님은 할 수 있다. 나는 할 수 있다."는 마음을 가지고 가정에서나 이웃에게 뿐만 아니라 지금 서 있는 자리에서 쓸모 있는 사람이 되어야 한다. 인간은 누구나 어려서부터 외로움이나 실의를 겪으며 살게 마련이다. 나 자신이 아무 가치 없다고 속상하게 느껴질 때마다 남에게 좋은 일을 하고 조그마한 일이라도 남에게 도움을 준다면 마음이 편안해지고 내 주위가 밝아오는 것을 느낄 수 있다.

늙었다고 땅만 바라보고 누가 나를 소홀히 대접하지 않을까 속상해 한다면 삶의 의미를 느낄 수 없다. 나 스스로를 변화시켜 쓸모 있는 사람이 되려면 움직이고, 생각하고, 배우는 것을 멈추지 않아야 한다. 우리는 계속 노력하여 삶을 스스로 만들어가야 하며 또 그렇게 할 수 있다고 믿으며 나아가야 한다. 그래서 자기 자신에게, 세상에게 좀 더 '쓸모 있는 사람'이 되어야 할 것이다.

백향목 같은 믿음

"의인은 종려나무같이 번성하여 레바논의 백향목같이 발육하리로다. 여호와의 집에서 심겼음이여 우리 하나님의 궁정에서 흥왕하리로다. 늙어도 결실하며 진액이 풍족하고 빛이 청청하여 여호와의 정직하심을 나타내리로다." 이 시편 92편 12~15절 말씀과 같이 백향목과 같은 믿음은 늙어도 결실한다. 늙는 법이 없다. 주름은 질지 몰라도 마음은 늙지 않는다.

의인은 힘이 넘친다. 의인에게 박진력이 있는 것은 하나님이 계시기 때문이다. 다윗이 골리앗 앞에 나갈 때 "너는 창과 칼을 의지하고 나오나 나는 내 곁에 하나님을 의지하고 나간다."고 하였다. 하나님이 내 백그라운드 되시기 때문이다. 천지의 주재자이신 하나님이 나의 백그라운드가 되시는데 무엇이 두렵겠는가.

  백향목은 날이 갈수록 윤택해진다. 하나님의 뜻대로 사는 사람은 윤택한 사람이 되고 태평양같이 마음이 넓고 인격이 고고해지고 나아가 다른 이들까지 윤택하게 한다. 하나님의 은혜를 충만히 받은 사람은 부활의 생명이 있기 때문에 영생을 얻어 새 사람이 된다. 백향목은 곧은 나무로 정직한 것을 의미한다. 의인은 백향목 같은 하나님의 자녀다.

레바논 산(화이트 마운틴)의 해발 3,000미터가 넘는 산꼭대기에는 흰 눈이 덮여 있다. 이곳에서 백향목이 성장하고 아래는 종려나무가 자란다. 여호와를 의지하고 경외하는 사람은 레바논의 백향목 같은 은총과 축복을 받을 것이다. 늙어도 청청하고 진액이 풍부하여 여호와의 정직하심을 드러낸다. 육신은 고이 잠들고 흙으로 돌아가지만, 예수 그리스도의 영으로 충만한 사람에게는 새로운 생명의 역사가 일어난다. 하나님께서 우리를 맞이하여 하늘 잔치에 참여하게 하신다. 하나님은 약속하신 것을 꼭 이루시는 분이다.

하나님의 백성은 영생하며 아름다운 모습으로 부활해서 다시 산다. 영광의 상급을 바라보며 우리는 삶을 깨끗하게 살아가야 할 것이다. 죽음과 절망을 생각할 수 있는 노년이지만 부활하신 주님의 영이 우리와 함께하심을 믿는다. 이 영적 축복을 받고 거듭난 자로서 날마다 새로운 생활을 시작할 것이다.

　살아 계신 하나님을 확신하고 영원한 기업을 소유한 우리는 주님을 사랑하고 믿고 그 안에서 한없는 기쁨과 즐거움을 누려야 한다. 베드로전서 1장 8~9절의 "말할 수 없는 영광스러운 즐거움으로 기뻐하며 믿음의 결국 곧 영혼의 구원을 받음이라."는 말씀처럼 이 즐거움과 기쁨은 말할 수 없는 것이요, 영광스러운 것이다.

우리가 예수 그리스도 안에서 거듭나서 산 소망을 가지고 부활하신 주님을, 참 은혜와 사랑으로 넘치는 주님을 믿고 사랑하게 되었으니 우리의 기쁨과 즐거움을 어떻게 표현할 수 있겠는가.

예수 그리스도를 누리는 삶

　영원히 살고 싶은 바람은 동서고금을 막론하고 인간의 공통적 욕망이라는 것이 문명과 역사를 통해 분명히 나타나고 있다. 불로초에 대한 집착을 끝내 버리지 못했던 진시황의 야사는 지금도 널리 회자되고 있고, 찬란한 고대 문명의 중심지였던 이집트의 유물과 유적 속에도 영생에 대한 강한 염원이 담겨져 있다. 죽은 사람의 무덤인 피라미드나 제사를 지냈던 스핑크스 신전도 모두 영생을 바라며 만든 유물들이다. 영생의 집념은 이집트 최연소 왕이었던 투탕카멘의 황금 마스크와 순금과 보석으로 만들어진 관을 보면 알 수 있다.

때때로 역사는 빠르게 흘러간다. 역사평론가들이 미처 따라갈 수 없어 뒤늦게 땜질을 할 정도인데 이것은 힘으로 막으려는 인간의 그릇된 생각 때문일 것이다. 강물은 말뚝이나 돌로 막지 못한다. 어느 누가 역사의 흐름을 막을 수 있으며 감히 그 흐름을 거슬러 올라가는 어리석음을 범할 것인가.

신앙의 시각과 인간의 시각

전도서 기자는 인생에 대해 "헛되고 헛되다."(전도서 1장 2절)고 고백했다. 야고보는 "너희 인생이 무엇이뇨 너희는 잠깐 보이다가 없어질 안개"(야고보서 4

장 14절)라고, 베드로는 "인생은 풀의 꽃과 같으니 풀은 마르고 꽃은 시든다."(베드로전서 1장 24절)고 표현했다. 사실 인생의 종말은 참 허무하고 비극적이다. 특히 땅의 것을 바라보고 자기 힘으로 살다 가려는 사람에게는 더욱 그렇다.

인생은 공평하다. 모든 사람은 늙는다. 또 모든 사람은 공평하게 죽는다. 빈부귀천이 없다. 순서는 다를지 모르지만 신앙의 사람도, 불신앙의 사람도 죽는다. 시간이 무엇인가? 시간은 정지하는 법이 없다. 시간의 흐름 속에 사람은 늙고 쇠잔한다. 나도 모르게 늙어간다. 죽음은 어머니의 모태에서부터 시작된다. 생리적인 인생은 멈출 수도 없는 것이다. 죽음은 이 지상의 모든 것에 끝과 허무를 가져다준다. 인간의 시각으로 볼 때 인생의 종말은 참 허무하고 절망적이고 비극적이다. 만일 우리의 바라는 것이 다만 이생뿐이면 그 얼마나 답답하고 허망할 것인가?

그러나 그리스도인은 슬퍼할 필요가 없다. 죽음은 두려워할 종말이 아니라 다시 산다는 희망을 갖게 한다. 완전한 곳으로 옮겨가는 것이다. 늙는 것은 새로운 나라에 들어가는 축복이다. 성도의 삶은 죽어서 끝나는 것이 아니라 죽음을 넘어서 천국이라는 목적지를 향해 가는 것이다. 따라서 고통스러운 현실이 고난이나 방황처럼 여겨지지만 사실은 목적지를 향해 가는 전진인 것이다.

"예수께서 이르시되 나는 부활이요 생명이니 나를 믿는 자는 죽어도 살겠고 무릇 살아서 나를 믿는 자는 영원히 죽지 아니하리니 이것을 네가 믿느냐?"(요한복음 11장 25~26절)

빌립보 기자는 "이는 내게 사는 것이 그리스도니 죽는 것도 유익함이라."고 고백한다.

"예수께서 이르시되 내가 곧 길이요 진리요 생명이니 나로 말미암지 않고는 아버지께로 올 자가 없느니라."(요한복음 14장 6절) 이 말씀은 예수가 우리를 하나님께로 인도하는 유일한 통로이며 죄와 사망의 법에서 자유하게 하시며 새 생명을 풍성히 주시는 생명의 원천이심을 의미한다. 부활하신 주님은 땅과 하늘 사이에 흐르고 있는 죽음의 강을 넘게 해주는 다리다. 인류에게 산 소망이 되시는 주님을 믿을 때 영생은 믿는 자들이 누리는 특권이 된다. 부활의 진리는 기독교가 생명의 종교임을 입증하는 산 증거다. 따라서 진실하고 정의롭게 살 수 있는 용기와 희망과 소망을 가져다주는 근원이다. 부활 신앙은 믿는 자만이 가지는 특권이며 축복이다.

영원한 생명을 누리고자 하는 이 소망을 예수 그리스도 안에서 간직하게 되었다. 하룻길 같은 인생의 여정에서 최후의 승리를 보장해 주기 때문이다. 신앙의 시각으로 볼 때 그리스도인들은 슬퍼할 필요가 없다.

영원하신 하나님, 무상한 인생

"우리의 연수가 칠십이요 강건하면 팔십이라도 그 연수의 자랑은 수고와 슬픔뿐이요 신속히 가니 우리가 날아가나이다."(시편 90편 10절)

시편 기자가 "세월은 신속히 가니 우리가 날아가나이다."라고 말한 것처럼 세월은 빨리 간다. 육체의 영광은 풀의 꽃과 같이 잠깐이다. 우리가 자랑할 것이 없고 주의 인자로 만족하며 즐거운 생활을 하고 믿음 안에서 소망을 가지고 기쁨으로 생활할 수 있어야 한다. 중요한 것은 어떻게 살 것인가이다. 믿는 자는 하나님께서 천국 문을 활짝 열고 영접하는 나라, 죄나 사망이 더럽히지 못하는 나라에 들어갈 것이다.

하나님께 가는 길

예수는 우리를 하나님께 인도하는 유일한 통로이며 죄와 사망의 법에서 자유하게 하시며 또한 새 생명을 풍성히 주시는 생명의 원천이시다.

"내가 온 것은 양으로 생명을 얻게 하고 더 풍성히 얻게 하려는 것이라."(요한복음 10장 10절)

"다른 이로써는 구원을 받을 수 없나니 천하 사람 중

에 구원을 받을 만한 다른 이름을 우리에게 주신 일이 없음이라 하였더라."(사도행전 4장 12절)

"육신의 생각은 사망이요 영의 생각은 생명과 평안이니라."(로마서 8장 6절)

"너희는 여호와를 만날 만한 때에 찾으라. 가까이 계실 때에 그를 부르라. 악인은 그의 길을, 불의한 자는 그의 생각을 버리고 여호와께로 돌아오라. 그리하면 그가 긍휼히 여기시리라. 우리 하나님께로 돌아오라. 그가 너그럽게 용서하시리라."(이사야 55장 6~7절)

우리를 죄와 고통과 죽음에서 구원하셨고, 그리스도

로 말미암아 그리스도의 부활을 통해 죽음이 생명으로 바뀌었다. 우리 주 예수 그리스도, 아버지 하나님의 그 많은 긍휼대로 죽은 자 가운데서 부활하심으로 말미암아 우리를 거듭나게 하시고 산 소망이 있게 하시며 썩지 않고 더럽지 않고 쇠하지 아니하는 기업을 얻게 하셨다. 성도의 구원은 하나님이 주셔서 그리스도로 말미암아 성취된 은혜로운 선물이다.

"욕된 것으로 심고 영광스러운 것으로 다시 살아나며 약한 것으로 심고 강한 것으로 다시 살아나며 육의 몸으로 심고 신령한 몸으로 다시 살아나나니 육의 몸이 있은즉 또 영의 몸도 있느니라."(고린도전서 15장 43~44절)

주 안에서 긍정적으로 "나는 모든 것을 할 수 있다."는 믿음과 목표를 가지고 부지런히 기쁨으로 열매를 맺어 단을 거두고, 확고한 신앙 속에서 하나님의 약속을 믿고 승리하는 삶을 살아가자. 사람이 천하를 얻고도 영혼을 잃으면 무슨 소용이 있겠는가.

그러나 하나님을 믿는 사람은 이 땅에서 죽는 것으로 그치지 않는다. 영원한 생명으로 부활하신 주님은 우리로 영원한 기업을 얻게 하신다. 인간의 소망 중에 가장 큰 것이 있다면 우리의 생명이 이 땅에서 끝나지 아니하고 영원히 살 수 있다는 것이다. 그런데 부활하신 예수 그리스도 안에서 이 소망이, 우리의 염원이 이루어지게 되었다. 주님이 부활하심으로써 인간이 가지고 있는 영원에 대한 소망과 꿈이 확인되었다. 하나님의 약속을 확실히 받아낼 때 우리는 죄와 고통과 죽음이 인생의 종착역이 아님을 알게 될 것이다.

하나님은 사랑이시다. 독생자 예수 그리스도가 십자가에서 죽으심으로써 우리의 고통과 죄를 흰 눈같이 씻겨 주시고 구원에 이르게 하셨다. 죽음의 권세를 이기고 부활하셔서 우리에게 영원한 생명을 주셨다. 사탄의 세력이 아무리 강해도 패배할 수밖에 없다. 우리는 더욱 큰 능력으로 사탄과 대적해서 싸울 수 있다.

"무릇 하나님께로부터 난 자마다 세상을 이기느니라. 세상을 이기는 승리는 이것이니 우리의 믿음이니

라. 예수께서 하나님의 아들이심을 믿는 자가 아니면 세상을 이기는 자가 누구냐?"(요한일서 5장 4~5절)

   이사야는 아무리 부정적인 일이 일어나도 하나님은 그분의 백성을 사랑하고 위로하고 돌보신다는 확신이 있었기 때문에 기뻐할 수 있었다. 우리도 이사야처럼 하나님의 약속을 믿는다면 항상 기뻐하고 즐거워할 이유가 넘칠 것이다. 그리고 마지막 날에 주어질 영광의 세계를 주 예수 그리스도를 통해 볼 수 있을 것이다. 위험과 절망 속에서도 굳세게 일어나서 영광스러운 내일을 향해 힘차게 나아가는 것이 그리스도인의 생활 태도다.

하나님의 아들 예수 그리스도를 모시고 사는 사람은 어떤 상황에서도 소망과 기쁨이 있다. 예수 그리스도를 통해 이처럼 찬란한 끝 날이 우리에게 놓여 있음을 보고 믿기 때문에 그리스도인은 죽음도 하나님의 큰 축복으로 받아들이고 기쁨으로 살 수 있다.

나그네 인생

하나님이 우리를 세상에 보내실 때 우리를 향한 놀라운 계획과 축복이 있다고 믿는다. 많은 어려움이 있을지라도 믿음을 가지고 기도하면 새로운 세상이 열릴 것이다. 왜냐하면 하나님은 어떤 환경에서도 자기 백성을 지키시는 분이기 때문이다. 절망하고 좌절하고 의심하고 자포자기하는 사람은 하나님도 어쩔 수 없다. 마음의 준비가 있건 없건 죽음이 닥쳐오면 우리는 결코 피할 수 없다. 항상 죽음의 위험 속에 사는 우리가 60년, 70년, 80년을 산다는 것은 하나님의 놀라운 축복이고 기적이다. 나그네에게는 모든 순간순간이 귀하고 귀한 것이다.

초대교회의 전도자 디모데에게는 외조모 로이스와 어머니 유니게의 신앙이 있었다. 나이든 우리의 신앙이 자녀들뿐만 아니라 이웃에게 큰 본보기가 되어야 한다. 하나님의 사랑 안에 거하는 사람은 사나 죽으나 평안할 수 있다. 하나님은 우리를 당신의 품에 고이 품어 주실 것이다.

성경에 "주 안에서 죽는 자는 복이 있도다."(요한계시록 14장 13절)라고 하였다. 이 말씀을 믿는 자들의 영혼은 갈 곳이 정해져 있다. 바로 천군천사의 호위를 받고 주님이 계신 하늘나라다. 성도의 영혼은 육신의 장막을 떠나 하나님의 장막에서 천사들이 화답하는 가운데 생명수 샘으로 갈증을 해소하고 하나님으로부터 영원한 상급을 받을 것이다. 나는 늙어서 아무것도 못한다고 움츠리고 있으면 아무것도 못한다. 그러나 할 수 있다는 생각과 영원한 소망을 가지고 기쁘고 즐겁게 살면 누가 우리를 대적하겠는가.

우리 삶의 자원이 하나님께 있고 하나님 아버지는 영원한 공급자이시다. 모든 것, 생명의 주인 되신 하나님을 의지하면 독수리같이 날아오르는 신앙으로 살 수 있다. 날마다 우리의 마음을 새롭게 해서 주님을 찬송하며 살아가자. 생의 황혼녘을 더욱 아름답게 가꾸는 시간마다 호흡하는 순간마다 주님이 함께하심을 체험하면 만 개의 입이 있다한들 어찌 다 감사할 수 있겠는가.

"내게 능력 주시는 자 안에서 내가 모든 것을 할 수 있느니라."(빌립보서 4장 13절)

구속의 은혜와 평안을 주시는 예수 그리스도에게 감사하자.

"나는 선한 싸움을 싸우고 나의 달려갈 길을 마치고 믿음을 지켰으니 이제 후로는 나를 위하여 의의 면류관이 예비되었으므로 주 곧 의로우신 재판장이 그날에 내게 주실 것이니 내게만 아니라 주의 나타나심을 사모하는 모든 자에게니라."(디모데후서 4장 7~8절)

"백발은 영화의 면류관이라 공의로운 길에서 얻으리

라."(잠언 16장 31절)는 말씀처럼 하나님께서 주신 삶을 하나님의 뜻에 합당하게 정직하게 최선을 다해 뛰어온 이들에게 영광의 면류관을 주셨다. 주님이 주시는 의의 면류관을 쓰고 뛰는 모습은 더없이 아름다운 것이다. 머리에 내린 흰 서리를 하나님께서 주신 영화의 면류관으로 알고 소망 중에 하나님을 바라며 기쁘게 생활하자. 하나님은 우리를 영광과 찬양 받으시기 위해 창조하셨다.

새로이 회복된 삼라만상의 터전 위에서의 참 자유와 평화를 구할 때 우리는 이 땅에서 하나님 나라를 살아갈 수 있을 것이다. 이 힘은 고난 속에서도 확신에 찬 승리의 개가를 부르게 하는 원천이 되어줄 것이다.

하나님의 긍정

프랑스 실존주의 철학자 장 폴 사르트르는 〈NO EXIT〉라는 희곡을 썼다. 그는 이 〈닫힌 문〉에서 "인간은 고통의 운명에서 벗어날 길이 없다."고 말했다. 반면에 히틀러 반대 운동에 나섰다가 사형대에 오르게 된 독일의 본 훼퍼 목사는 "이것이 나의 마지막 길입니다. 그러나 이날은 나에게 있어서 새로운 생명이 시작되는 날입니다."라는 마지막 말을 남겼다. 사르트르는 닫힌 무덤을, 본 훼퍼는 열려진 무덤을 보았다.

예수 그리스도께서 무덤 문을 열고 부활하심으로써

우리의 죄와 고통과 죽음이 인생의 종착역이 아님을 증명하셨다. 하나님은 예수 그리스도를 죽음에서 일으키셔서 인간의 부정(否定, NO)을 긍정(肯定, YES)으로 바꾸셨다. 하나님은 그리스도의 부활을 통해 죽음이 생명으로 바꾸어짐을 보여 주셨다. 그 안에서 인간이 거듭날 수 있음을 보여 주셨다. 예수 그리스도는 길이요, 진리요, 생명이다. 그리스도의 부활은 하나님의 주권이 우주를 다스리고 계신다는 확증이 되었다. 그리스도의 부활을 믿는 우리는 악의 세력이 결국 하나님의 권능 앞에 굴복할 것을 믿는다. 부활을 믿고 부활하신 주님과 영적으로 동행하는 성도들은 이 땅에서 두려워할 것이 없다.

하나님 구원의 약속이 '예'가 되며, 그리스도의 십자

가와 함께 우리의 옛 사람이 죽고 그리스도의 부활과 함께 우리가 다시 사는 것이 우리의 '아멘'이다. 우리의 심령, 우리 교회에 이러한 변화가 일어나게 되기를 기대하며 기도한다. 하나님의 약속은 얼마든지 그리스도 안에서 '예'가 되니 그런즉 그로 말미암아 우리가 '아멘' 하여 하나님께 영광을 돌리자.

"만일 죽은 자가 다시 살아나는 일이 없으면 그리스도도 다시 살아나신 일이 없었을 터이요. 그리스도께서 다시 살아나신 일이 없으면 너희의 믿음도 헛되고 너희가 여전히 죄 가운데 있을 것이요."(고린도전서 15장 16~17절)

시대를 구하는 기도와 사역

"의인의 간구는 역사하는 힘이 큼이니라."(야고보서 5장 16절)

나라를 위하여, 민족을 위하여 기도하자. 공의를 추구하며 진리를 구하는 한 사람이라도 찾으면 내가 이 성을 사하겠다고 말씀하셨다. 히브리 민족에게 기도는 그 자체가 싸움이고 사역이었다. 무기를 가지고 싸우지 않았다. 단 하나의 무기인 기도로 싸웠다. 그리고 시대를 바꾸었다.

야곱은 밤새도록 결사적으로 하나님과 씨름하며 하나님을 붙들고 기도했다. 야곱의 영적 갈구에 탄복한 하나님은 그에게 영적 승리와 언약의 후계자, 즉 이스라엘이라는 명예로운 이름을 주셨다. 창세기 32장 24~32절에는 야곱의 생애에 있어서 가장 감동적인 부분으로 20년 간 가지고 있었던 불안과 공포, 그리고 에서의 증오와 원한이 화해와 기쁨의 눈물로 바뀌는 현장이 기록되어 있다.

이러한 극적인 국면 전환이 가능했던 것은 하나님과의 힘겨운 씨름을 통해 야곱의 인격과 에서의 심경이 변화되는 위대한 기적이 있었기 때문이다. 야곱이 하나님을 만나 변화되자 형 에서의 분노가 온정으로 변했으며 야곱을 죽이려던 사병은 호위병들이 되었다. 우리는 남북한에 이러한 변화가 일어나기를 기도해야 한다.

성도에게 기도는 축복의 통로다. 오늘의 시대는 자녀와 교회, 국가를 위해 목숨을 걸고 중보기도할 용사가 필요하다. 우리는 '왕 같은 제사장'(베드로전서 2장 9절)이다. 제사장은 백성을 대신해서 제사하는 것이 의무다. 이 제사가 제대로 드려지면 공동체는 하나님의 징벌 없이 축복을 받게 된다. 한 단체나 국가의 리더십이 영적으로 공의를 행하면 전 공동체가 축복을 받을 수 있다. 하나님은 우리에게 파수꾼의 사명도 주셨다. 중보기도는 먼저 부르심을 받으신 영적 제사장의 최대 사명이다.

바울 사도 한 사람이 영적으로 하나님과 열려 있었기 때문에 광풍 속에서도 비바람이 엄습하지 못하고 지나갔다. 이 중보가 나에게 일어나면 하나님의 통로로 쓰임 받는 것이다. 요셉 때문에 보디발 장군 집의 모든 일이 복받은 것을 기억하자. 요셉이 감옥에 갔을 때는 간수장이 복을 받고, 총리가 되었을 때는 이집트 전체가 복을 받았다. 하나님은 확고한 믿음과 신앙으로 위기를 극복하고 승리하게 하신다. 믿음의 한 사람 때문에 한 가정이 한 국가가 축복을 받고 변화된 것을 요셉을 통해 알 수 있다.

1997년 IMF 위기를 당하며 드렸던 기도가 생각나 일부를 옮겨 적어본다.

세상의 빛으로 오신 주님, 암흑하고 어두운 이때에 소망과 주 안에서의 평화와 기쁨을 주소서.

IMF 시대를 당하며 영적으로 정치 경제적으로 모든 분야에서 너무나 암울하고 온 국민이 갈 길을 못 찾아 헤매며 너무나 어려운 이때에 모두 한 마음으로 합하여 옷깃을 여미고 회개하며 정신 차려 IMF의 어려움을 발판으로 딛고 일어나 신앙의 회복, 경제의 회복을 이루게 하시고, 황무지가 변하여 장미꽃이 피게 하시며, 왕 같은 제사장 나라로 세워 주시옵소서.

포도나무이신 예수님

"나는 포도나무요 너희는 가지니"라는 말씀은 우리가 진정 살아 있고 열매 맺는 신앙생활을 하자면 생명의 근원이시요 힘의 근원이신 주님께 연결되어 있어야 한다는 뜻이다. 주님이 생명줄이시기 때문이다. 주님은 장소와 시간을 초월해서 우리와 함께하시고, 우리를 인도하시고, 우리를 도와주시고, 우리에게 힘을 주시는 분이시다. 그러기 때문에 주님 안에 거한다는 것은 주님의 임재를 인정하고 주님의 말씀을 행동으로 응답을 하고 주님의 평화 속에서 쉼을 얻는 것을 뜻한다. 바울 사도가 고백했듯이 이제 내 안에 사는 것은 내가 아니요 그리스도이다.

"예수께서 이르시되 나는 부활이요 생명이니 나를 믿는 자는 죽어도 살겠고 무릇 살아서 나를 믿는 자는 영원히 죽지 아니하리니 이것을 네가 믿느냐?"(요한복음 11장 25~26절)

무엇이든지 살아 있고 건강하게 성장해서 열매를 맺으려면 생명줄에 붙어 있어야 한다. 하나님 사랑의 줄에 붙어 있어야 한다.

"나는 포도나무요 너희는 가지니"라고 하신 뜻이 무엇인지 생각해 보자. 어린 아이들은 아버지와 어머니가 곁에 있으면 안정감을 느낀다. 떨어져 있어도 부모나 친구의 마음이 나와 함께 있음을 느끼고 믿을 때 위로가 되고 큰 힘이 된다. 우는 자와 함께 울고 기뻐하는 자와 함께 기뻐하는 자가 있는 한 어디에 있어도 외롭지 않다. 예수님은 시간과 장소를 초월해서 우리와 함께하시고 우리를 인도하시고 도와주시고 힘을 주시는 분이다.

"나는 포도나무요 너희는 가지라. 그가 내 안에, 내가 그 안에 거하면 사람이 열매를 많이 맺나니 나를 떠나서는 너희가 아무것도 할 수 없음이라."(요한복음 15장 5절)

우리는 그리스도의 생명줄에 연결되어야 한다. 뿌리에서부터 올라오는 양분이 가지 끝까지 흘러가야 된다. "저가 내 안에 내가 저 안에 있으면 이 사람은 과실을 많이 맺는다."는 주님의 말씀을 기억하고 살면 우리에게 힘을 주시고, 지혜를 주시고, 기쁨을 주시고, 생명을 주신다고 했다. 치유와 능력도 주신다고 했다. 주님께서 굳건히 붙들어 주셔서 주님으로부터 올라오는 힘을 얻고 아름다운 꽃을 피우고 열매 맺는 우리의 삶이 되어야 한다. 주님 안에 거하지 아니하면 우리는 아무것도 할 수 없다. 주님이 우리 안에 거하시고, 우리가 주님 안에 거하고 주님의 능력으로 힘을 얻어 살아갈 수 있어야 한다.

이 땅에서 많은 재물과 권력을 소유해도 하나님 사랑

의 생명줄에서 끊어지면 실패자일 뿐이다. 믿음이 없으면 영원한 생명은 얻지 못한다. 진정 살아 있고 열매를 맺는 신앙생활을 하려면 생명의 근원이며 힘의 근원이신 주님께 연결되어 있어야 한다.

성경은 말한다.

"내 안에 거하라. 나도 너희 안에 거하리라. 가지가 포도나무에 붙어 있지 아니하면 절로 과실을 맺을 수 없음같이 너희도 내 안에 있지 아니하면 그러하리라."
(요한복음 15장 4절)

예수님은 시간과 장소를 초월해서 우리와 함께하시

고 우리를 인도하시고 우리에게 힘을 주시는 분이기 때문에 외롭지 않고 기쁨으로 살 수 있게 하신다. 주님으로부터 올라오는 생명의 말씀을 먹게 하시고 힘을 얻게 하시고 아름다운 꽃이 피고 열매 맺을 수 있는 삶이 되게 하신다. 주님 안에 거하지 아니하면 아무 일도 할 수 없다. 우리의 영이 주님의 영과 결합되지 아니하면 아무것도 할 수 없다. 복 있는 사람은 예수 그리스도와 연합할 때 시냇가에 심은 나무처럼 말씀에 뿌리를 내릴 수 있다. 시절을 좇아 과실을 맺으며 잎사귀가 마르지 아니함같이 그 행사가 다 형통할 것이다.

언덕 위의 집

들소들이 뛰고 노루 사슴 노는 그곳에 나의집 지어주
걱정소리 없고 구름 한점없는 그곳에 나의집 지어주.
언덕위의 집 노루 사슴이뛰고 노는뭣못
근심 걱정 없고 구름 한점 없는 그곳에 나의집 지어주

가정은 집이 안 나라 행복을 도모하는 곳이다
가족 사랑
가족 건강
가족 행복

Part 2

스위트 홈

(Sweet Home)

어머니는 축복의 통로

모든 어머니는 하나님께서 약속하신 축복의 통로다. 어머니를 통해 가정은 하나님의 축복을 경험할 수 있다. 하나님을 경외하는 어머니로서 아들을 민족의 지도자로 양육한 지혜로운 한나, 죽음 당할 수 있는 위험을 감수하면서 민족을 구하기 위해 믿음으로 왕께 나아간 에스더, 하나님 말씀에 믿음으로 순종해서 메시아를 잉태한 마리아, 자신의 값진 것을 드려 예수의 몸에 향유를 부은 여인, 사도들을 도와 복음을 전한 이방인 뵈뵈. 이러한 믿음의 여인들은 개인의 삶에 대한 문제에만 머무르지 않고, 온 인류의 구원이라는 위대한 역사에 동참하였다.

  어머니의 둥지는 어떤 명문 기관의 교육과도 비교할 수 없다. 안전성과 보전에 더해 무한한 잠재력을 개발할 수 있는 에너지가 있다. 어머니 같은 좋은 교사는 없다. 신이 모든 사람 곁에 항상 있어줄 수 없기 때문에 어머니라는 존재를 만드셨다는 말이 있다. 어머니의 눈물은 희생과 사랑이다.

아름다운 가정

이 세상에서 가장 아름다운 그림은 가족이 함께한 자리다. 형제들이 서로 연합하여 동거함이 어찌 그리 선하고 아름다운가. 사랑하는 가족들이 모여 찬송하고 기도할 때 샘물처럼 솟아나는 성령의 기쁨과 찬송이 넘친다. 하나님은 우리를 향한 놀라운 계획과 축복을 가지고 계신다. 많은 어려운 일이 있을지라도 믿음으로 기도하며 나아가면 새로운 세상이 열릴 것이다. 하나님은 어떤 환경에서도, 광야에서도 자기 백성을 지키시는 분이시다. 세상에 하나밖에 없는 내 가정은 내 행복의 터전이다. 행복한 가정을 세워가는 일은 그리스도인에게 소중한 사명이다. 하나님의 돌보심의 명령을 수행하는 일이다. 진정한 행복은 가정을 소중히 여기고 아름답게 가꾸어 가는 하루하루의 삶 속에서 느껴질 수 있다.

가정은 집이 아니라 행복을 도모하는 곳이다.
가족 사랑, 가족 건강, 가족 행복...

언덕 위의 집

들소들이 뛰고 사슴 노는 그곳에
나의 집 지어주오.
걱정소리 없고 구름 한 점 없는 그곳에
나의 집 지어주오.

가정을 위한 기도

밝고 건강하고 긍정적인 삶, 최고의 삶을 살 수 있도록 도와주소서. 감사하는 삶으로 하나님을 영화롭게 하고 세상을 풍요롭게 가꾸어 나갈 수 있는 거룩한 성품을 주옵소서.

사랑으로 하나 되어 서로 힘이 되어 즐거운 모임이 되게 하시고 늘 소망 가운데 기쁨으로 살게 하소서. 형제들이 연합하여 동거함이 어찌 그리 선하고 아름다운지요.

주 예수 그리스도의 이름을 높이며 생명의 근원이신

창조주를 찬양하며 가정에 하나님의 은혜가 넘치고 사랑과 평화가 넘치도록 축복해 주옵소서.

부부를 위한 글

사랑을 줄 줄 알고, 사랑을 받을 줄 아는 부부가 되게 하소서.

작고 소박한 것을 소중하게 여기고 아끼지 아니하며 서로 양보하고 허물이 보일 때 덮어주게 하소서.

어려울 때는 곁을 지켜주고 함께 기뻐하고 슬픔을 나눌 수 있는 부부가 되게 하소서.

용기 잃었을 때는 두 손 잡게 하소서.

제일 행복한 것, 사랑

제일 좋은 시간: 지금

제일 좋은 선물: 미소

제일 큰 손해: 친구를 잃는 것

제일 필요 없는 재산: 자존심

제일 불필요한 것: 불평

제일 행복한 것: 사랑

제일 큰 실수: 할 수 없다는 생각

제일 나쁜 마음의 병: 질투

제일 좋은 언어: 침묵

제일 쉽게 병을 얻는 것: 걱정

사람이 세상을 살아가는 방법에 있어서 가장 중요한 것이 바로 부지런한 것이다. 옛말에 이런 말이 있다.
　"부지런하면 세상에 어려운 일이 없다. 일생의 계획은 부지런함에 있다."

　동양의 선조들도 제일 큰 죄가 무엇이냐 하면 족한 줄 모르는 사람이라고 했다.

감추어진 보화

나의 고향 시골 마을에 거지 가족이 있었다. 아버지, 어머니, 자녀들 모두가 동냥으로 먹고 살았다. 그들은 서너 동네를 다니며 먹을 것을 얻어 갔다. 동네 사람들은 그들에게 친절했고, 정을 나누어 주었다.

내 기억에 그들은 별 고민이나 불만 없이 거지라는 삶의 궤도를 숙명처럼 인정하며 세상을 살았던 것 같다. 단 한 번이라도 궤도 수정을 결심했더라면 무한한 잠재적 가능성을 개발할 수 있었을 것이다. 하지만 잃어버린 인생을 살았다.

자기 집 지하에 엄청난 보물을 두고도 몰라서 거지처럼 산 사람이 있다. 예이츠라는 농부였다. 미국 최대의 유전 중에 하나인 텍사스 주의 예이츠 유전이 개발되기 전 그는 정부 지원금을 받아가며 연명하는 신세였다.

바로 자기 집 지하 1천여 피트에서 일일 생산 12만 배럴의 기름이 나오는 유전이 있는데도 유전 탐사팀이 와서 유전을 발견하기 전까지는 모르고 살았던 상실의 인생이었다.

얼마나 많은 소중한 보물이 무지(無知)와 미지(未知) 속에 사장되어 있을까? 내게는 거지 삼대 같이 숙명처럼 정주(定住)해 있는 상실한 영역은 없을까? 이 껍질을 깨고 허물을 벗고 코페르니쿠스적이며 혁명적인 역전을 이루기 위해 수정할 삶의 궤도는 없을까?

시각장애와 청각장애의 어둠을 뚫고 박사가 된 헬렌 켈러는 불모의 인생 속에서 보석을 캐내었다. 볼 수 없고, 듣지 못하고, 말할 수 없었지만 하나님을 알 수 있는 지각과 영혼을 주신 하나님께 감사하며 살았다.

쓰레기더미에서 장미를 피게 하고, 곰팡이에서 페니실린을 뽑아내고, 원석을 깎고 쪼아 천사를 만드는 조각가의 창조와 개발이 내 인생의 영역 속에 얼마든지 일어날 수 있다.

모세는 믿음이라는 지팡이로 사막의 반석을 쳐서 생수를 내어 이스라엘 백성에게 마시게 하였다. 링컨과 에디슨은 초등학교도 제대로 졸업하지 못하였지만 미국의 훌륭한 대통령이 되고 위대한 발명가가 되었다.

인생의 광산을 개발하자. 쓰레기더미 같은 인생인가? 장미를 심어보자. 곰팡이 인생인가? 페니실린을 뽑아보자. 사막의 돌멩이 같은 인생인가? 신앙으로 쳐서 생명수가 터지게 하자. 내 인생 원석에서 천사를 뽑아내게 하자.

기적을 만들자. 자신을 파보자. 그 속에 시인도 성자도 위인도 묻혀 있을 것이다. 버려진 인생, 도적맞은 인생 폐광에서 다이아몬드를 캐는 슬기와 신앙을 배우자.

사랑의 노래

 감사는 우리를 건강하게 한다. 감사는 신앙의 표현이고 더 큰 축복을 받을 수 있는 조건이다. 사랑은 노력 없이 이루어지지 않는다. 친절은 사랑이다. 친절만큼 힘이 되는 것은 없다. 칭찬은 고래도 춤추게 한다. 칭찬은 귀로 먹는 보약이다.

 스티븐 스필버그의 아버지는 촬영장에서 아들에게 세계적인 감독이 될 것이라고 칭찬해 주었다. 칭찬은 그가 세계적인 감독이 될 수 있는 믿음이 되었다. 칭찬하면 기가 산다.

믿음, 격려, 애정으로 모든 일을 사랑하자. 사랑은 허다한 죄를 덮어주고 불가능도 가능하게 하는 힘이 있다. 키에르케고르는 사랑을 강제적으로 해야 하는 의무라고까지 했다. 사랑은 우리 모두가 공동으로 소유할 수 있는 것이다. 부지런하고 성실함은 값없는 보물이고 진실함은 몸을 보호하는 도구다.

품위 있는 여성

우아하고 품위 있는 내면을 가진 여성에게는 영원한 고향과 같은 아름다움이 풍겨 나온다. 여성에게는 모성애가 있다. 여자는 생명을 잉태하고 자녀를 기르는 끝없는 위안을 주는 대지다.

기름진 대지에서 수목이 무성하게 자라듯 인간은 여성의 품에서 자라고 살아가며 역사를 창조해 나간다. 아름다운 여성, 본능적으로 모성을 가진 여인이 인류 역사의 중대한 대목에서 중대한 역할을 감당해 왔다. 백만의 청중 앞에서 사자후(獅子吼)를 하는 남성의 연

설이 역사의 방향타를 잡고 있듯이 아름다움을 다듬고 사랑을 심어가는 여자의 마음 역시 역사의 방향타를 쥐고 있다. 사랑은 숙명적으로 아름다움과 돌봄 가운데 자라는 수목이기 때문이다.

남편 원치승 추도예배 기도문

2017년 3월 25일 남편의 추도식 날 기도를 담은 글을 직접 써서 낭독하였다.

"세상에서 가장 아름다운 그림은 가족이 함께 모여 있는 모습의 그림입니다. 가족이 영원한 둥지이며 천국은 웃는 사람들의 곳입니다. 행복의 근원은 가족입니다.

연약하기 짝이 없는 우리 식구들 한 사람 한 사람, 주님의 능력의 팔로 지켜주시며 만유보다 크게 여기시며 주님의 은혜로 주님의 자녀 삼으시고 성령의 역사로 구원함에 이르게 하시고 ,현재도 후에도 영생을 맛보며 구원을 얻을 소망 가운데 늘 평안과 기쁨을 누리고 주님께 영광 돌리며 감사 생활도 하게 하시어 진심으로 감사합니다.

원치승 아버지 할아버지 돌아가신 날 가족이 함께 모여 추도예배를 드립니다. 그러나 예수님이 죽으셨다가 부활하심으로 이 땅에서 모든 무거운 짐 내려놓고 하늘나라에서 주님의 우편에서 영생 복락 누림을 믿고, 감사예배를 드립니다.

효정, 인희, 좌현, 정현, 정희는 각각의 집에서 추도예배 드리고 오늘 특히 원동주를 보내주셔서 집안에 꽃이 요 기쁨입니다. 주님의 축복 아래 장래에도 큰 인물로 자라서 하나님께 영광 돌리게 하소서."

미국에서 따로 추모예배를 드린 둘째 아들 원좌현 장로는 나의 기도문에 큰 감동을 받았다며 아래와 같이 영어로 번역하여 보내왔다.

The most beautiful picture in the world is a drawing of a family gathered together. If family is an eternal nest, heaven is the place for blissful people. Happiness begins from family.

Each member of our family, though they may be utterly inadequate, the Lord, through His almighty arms, protects and sees us greater above all things.

By His grace, He adopted us as His children. Through the works of the Holy Spirit, He lead us to salvation. As we hope in the salvation now and in the future tasting eternal life. Let us give Him glory for the unceasing peace and joy. We give the Lord our sincere gratitude for allowing us a life of thanksgiving.

We lift up our memorial service for our father and grandfather 원치승, on this day he passed away. But through the death and resurrection of Jesus Christ, He let go of our entire burden on this earth. As we believe he is in heaven enjoying the eternal happiness on the right side of the Lord in heaven, we offer our worship of thanksgiving.

We offer a memorial service in each of the homes of 효정, 인희, 좌현, 정현, 정희. Today, we especially lift up 원동주, who became our family's flower and joy. Under our Lord's blessing, please allow him to grow into an influential person to give God all the glory.

큰아들 손에 쥐어준 쪽지

큰아들 원우현 장로가 방학을 끝내고 다시 몽골 선교 사역을 떠난다고 한다. 서운한 마음이 든 만큼 기도도 간절했다. 원 장로가 내게 큰 절을 했을 때 나는 그의 손에 직접 쓴 메모 쪽지를 하나 쥐어주었다.

하나님 아버지, 원 장로가 모든 것이 낯선 몽골로 떠나오니 주님 늘 같이 하시고 동행하시며 형통한 길, 복 받는 길로 인도하소서. 복음을 전하며 자기 사명 잘 감당하고 건강함으로 지켜주소서. 예수님의 이름으로 기도합니다. 아멘 사명에 집중하는 한 주님은 그 사명을 이루시기 위하여 너를 반드시 지키고 능력을 주실 것이다.

2017.8.13.

2017년 끝자락의 반가운 소식

2017년의 끝자락에서 나는 참으로 반가운 소식을 들었다.

"We are so happy and feel blessed for the arrival of our Preston!" 셋째 아들 정현의 둘째 딸인 엘렌 변호사가 외증손자 프레스톤을 출산을 했다는 소식을 전해온 것이다.

엘렌의 신장이 약해서 아이를 갖지 못해 오래 기도해 왔던 터라 감사하고 기쁜 소식이 아닐 수 없었다. 손녀 엘렌에게는 물론 내게도 최고의 선물이다.

큰아들 원우현 장로가 서울의 가족을 대표하여 엘렌 부부에게 축하의 이메일을 보냈다.

Dear AJ and Ellen,

Welcome and congratulations with all our heart to great new baby Preston Won Steil. We thank greatly for our Lord Jesus creating Preston for Ellen`s family.

I'd like to deliver our family`s token of joyfulness in his coming by parceling present soon.

Preston! Your birth will bring wonderful present to all of us in Seoul.

Have a most happy and merry Christmas with new family present!

Uncle Woohyun & Bang sook from Seoul

책 영어제목 선택

2017년 10월 30일, 같은 가양 시니어스 타워에 사는 며느리 이방숙 권사의 생일을 맞아 가양동 식당에서 열린 가족 축하연에 참석했다. 책 원고 초안을 읽고 미국에서 달려 나온 장녀 원효정, 삼녀 원정희, 외손 Janice Park(Vice President, JP Morgan)과 더불어 장수의 은혜를 주신 주님께 감사하는 시간을 가졌다. 나의 백수를 맞아 노년에 쓴 글을 모아 큰아들 원우현 장로가 〈남는 건 사랑뿐일세〉라는 제목의 책을 내기로 한 것이다.

그런데 영어제목도 붙이겠다고 했다. 나는 영어를 잘 모르니 원 장로가 알아서 하라고 했다.

처음에 모친의 책 영어제목을 〈All that remains is love〉로 할까 하다가 〈Nothing left but Love〉가 간결 명료한 것 같아서 영어제목을 〈Nothing left but love〉로 바꾸는 것이 좋겠다는 생각이 들었다. 그러나 돌다리도 두들기고 건너가자는 심정으로 계속 고민하다가 결국 미국에 사는 동생 원좌현 사장 막내딸, 전자공학 박사(MIT Duke Univ.졸) Professor Debbie Won 순미의 평을 들어 〈All that remains is love〉로 하기로 최종 결정했다.

조카가 보내온 평을 보니 논리적인 비교로 설명하는 내용이 차분했다. 두 제목이 하나도 틀린 게 아니고 이 책 경우엔 〈All that remains is Love〉가 본문과 더 잘 어울린다는 것이다. 감사와 동의를 보낸다.

Even though the one you are suggesting sounds catchier, I wonder if the message the book is supposed to send is more positive, as indicated by 〈All that remains is love〉. If the book is a message of hope and inspires love, then I would lean towards 〈All that remains is love〉.

If the book focuses more on hardship and feeling stripped of everything but hanging onto hope that comes from love, then ⟨Nothing left but love⟩ would be appropriate.

In short, I think it depends on content, message and tone of the book. If it is meant to be more optimistic, then I would recommend ⟨All that remains is love⟩ because it reminds me of I Corinthians Chapter 13. What about "All else passes away... But love remains."?

Soonmee

죽음이 두려운 것이 아니라, 幸福하게

  人生의 黃昏 녘을 더욱 아름답게 겪는 계기가 되고

① 십계명의 完成은 서로 사랑하라.

② 순종이 찬 올새도덤 에크라이막스다~

③ 이땅에서 가장 아름다운 그림은 가족이 함께 한자리가 가장 아름
다운 그림이다~

  ~ 聖明하눈는 내 밝은 토 읽을 것이다

  信仰을 가져라 신앙생활로 人生의 夕陽로 우아하게 만들라~

Part 3

황혼의 단상(斷想)

(Thoughts of twilight years)

아름다운 삶

예수 그리스도 안에서 부르시는 그날까지 아름답게 살고 싶다. 주님의 위로를 받고 주님에 대한 소망을 갖고 살고 싶다. 정직하고 기쁨으로 덕을 세우며 살고 싶다.

만나는 사람에게 최선을 다하고 기쁨과 소망을 주며 그리스도의 향기를 풍기는 삶을 살고 싶다. 나는 주님의 십자가로 온전히 죄 씻음을 받고 축복받은 자가 되었다. 은혜 중의 은혜인 십자가를 통해 당당한 하나님의 자녀가 되었고, 놀라우신 하나님의 크신 사랑에 감격하며 살아간다.

날마다 주와 디불어 동행하며 하나님의 음성을 들으며 영생을 바라보며, 부활의 능력으로 살고 싶다. 오늘을 진실하고 정의롭게 살 수 있는 힘과 용기가 솟아난다. "나는 부활이요 생명이니 나를 믿는 자는 죽어도 살겠고 무릇 살아서 믿는 자는 영원히 죽지 아니하리라."는 말씀처럼 우리 가족이 말씀에 뿌리를 내리고 하나님 아버지께서 폭포수처럼 쏟아주시는 풍요와 평안과 기쁨과 만사형통이 함께하는 복을 누려야겠다.

기쁨과 찬양이 넘치는 삶

인생의 종착역에 도달하게 된 나는 지나간 일생을 돌아보았다. 선한 싸움을 싸우고 달려갈 길을 마치고 믿음을 지켰다. 바랄 것이 무엇이겠는가. 이 땅의 옷을 벗고 주 앞에 서는 날 면류관을 씌워주시는 그분의 환한 미소를 보고 싶다. 그분과 한 상에 앉아 떡을 떼고 싶다.

고난 가운데 찬양하고 기도할 때 하나님은 우리의 상황을 바꾸시고, 샘물처럼 솟아나는 성령의 기쁨과 찬양이 넘치게 할 것이다. 이 땅을 떠나야 할 순례자의 인생을 살면서 모든 것이 변하고, 모든 것이 불확실하고, 많은 것들이 사라졌지만 나는 생명의 말씀을 붙들고 일어날 것이다.

산 소망이 있기에 힘이 솟는다. 영생 구원이 있기에 기쁨이 샘솟는다. 하나님의 뜰에 심겨진 나무는 늙어도 진액이 풍부하다. 늘 푸른 삶을 살도록 허락해 주신 하나님의 은총에 감사하다. 그리스도에 연결되어 있을 때 우리는 푸르고 형통한 삶을 살 수 있다.

영원한 생명을 바라보다

우리의 맥박이 멈출 때는 영원하고 완전한 생명으로 바뀌는 순간이다. 주님 구속의 은총으로 죄 사함을 받고 영생할 수 있으니, 죽음을 두려워하지 않는다. 슬퍼하지 않는다. 이 세상이 끝이 아님을 안다.

죽음은 천국으로 옮겨가는 것이다. 하나님께로 가는 것이다.

하루를 지나고 나면 더 즐거운 하루가 오고, 사람을 만나고 나면 더 따스한 마음으로 사랑하고, 좋은 일이 생기면 더 감사한 마음으로 기뻐하고, 더 행복한 일을 만들 수 있는 아름다운 새해가 되기를 기원한다. 감사는 신앙의 표현이요, 더 큰 축복을 받을 수 있는 조건이다.

참 지혜

참 지혜는 하나님을 갈망하는 것이다. 참 지혜는 나의 무익함을 고백하는 것이다.

하나님 안에는 세상의 모든 지혜가 감추어져 있다. 우리가 자신의 십자가를 지고 하나님께 나아갈 때 하나님의 뜻이 내 안에 이루어질 것이다.

하나님의 지혜는 사랑이다. 모든 두려움을 몰아내고 영원한 생명을 줄 것이다.

안식

행복은 사람이 얼마나 오래 사느냐에 달린 것이 아니라 어떻게 사느냐에 달려 있다. 주님은 어느 누구보다 행복한 삶을 살았고, 죽음을 통해 참된 사랑을 꽃피웠다.

주 안에서 죽는 자는 복된 죽음이고 그분이 뿌리고 간 사랑의 씨앗은 두고두고 많은 사람의 삶 속에서 꽃피울 것이다. 마음의 준비가 있건 없건 죽음이 닥쳐오면 우리는 피할 수 없다. 그래서 항상 죽음의 위협을 받고 사는 우리가 오래 사는 것은 기적이다. 그래서 우리의 모든 순간들이 귀하고 귀한 것이다.

    날마다 회개하고 주님의 구속의 은혜를 체험하며 겸손의 삶을 살아가야겠다. 머리로 입으로만 믿는 형식적인 믿음이 아니라 그리스도의 말씀을 일상에서 실천하는 참 그리스도인의 삶을 살아가고 싶다. 이 아름다운 신앙생활의 모습이 우리 모두의 가슴 속에 길이길이 남아 있게 되기를 소망한다.

우주 속의 나

광활한 우주의 티끌 같은 나이지만, 내게는 창조주 하나님의 영이 들어 있다. 진정 내 안에 담겨져 있는 귀한 보화와 영원한 생명을 누리는 것은 놀라운 축복이다.

인생은

봄: 1세~20세

여름: 21세~45세

가을: 46~70세

겨울: 71세~세상 끝

계절은 각각의 사명이 있다. 봄에는 새싹이 움트고, 여름에는 녹음이 우거지고, 가을에는 인생이 무르익는다. 덕이 있어야 한다. 열매를 맺는 결실의 계절이다. 겨울에는 낙엽이 지고 떨어져서 거름이 된다. 사회와 가정을 위해 기도의 밑거름으로 살아가자.

빛나는 황혼

아름다운 노년을 살기 위해서는 질병에 대해서 너무 스트레스를 받지 않아야 한다. 건강하게 생활하며 용모를 단정하게 하자.

고고하고 당당하게 여유를 가지고 살아가자.

단아하고 부지런하자.

낙후되지 않도록 열심히 배우자.

우리의 생각을 바꾸자.

꿈을 버리지 말자.

말은 많이 듣고 적게 하자.

칭찬하는 것을 잊지 말자.

칭찬을 많이 하면 기쁨과 행복이 온다.

자식들에게 부담이 되지 말자.

노인은 성실하고 경험이 많고 정이 많다. 무엇이든 믿음으로 이길 수 있는 힘이 있다.

가족들에 대해 좀 더 관대해지고 원만해지자.

자식들이 잘될 수 있도록 기도하자.

욕심과 아집을 버리고 바른 생각을 하자.

나누고 봉사하는 삶을 살자.

언제나 미소를 잃지 말고 모든 일에 감사하자.

신앙을 갖자. 인간의 의는 믿음을 아는 것이다.

황혼의 태양이 더 붉게 이글거린다

 늙어서 더 아름답고 성숙한 삶을 살아야 한다. 내 속에 창조주 하나님의 영이 들어 있음을 깨달으니 모든 것이 신비롭기만 하다. 보잘것없는 나를 택하여 주셨다는 것, 주님의 자녀 삼아주심에 감사한다.

 진정 내 안에 담겨져 있는 귀한 보화로 영원한 생명을 누리니 너무 놀라운 축복이다. 하늘나라는 새 예루살렘이고 생명수가 흐르고 생명나무가 자라는 곳이다. 주님은 죽으셨다가 부활하심으로 구원을 완성하셨다. 온전한 궁극적인 하나님 나라를 바라는 하나님의 성도들에게 소망을 불어넣어 주신다.

예수 그리스도를 통해서 이처럼 찬란한 끝 날이 우리 앞에 놓여 있음을 우리가 보고 있기 때문에 우리는 기뻐할 수 있다. 새로이 회복된 삼라만상의 터전 위에서 참 자유와 평화를 구가하는 하늘나라에 대한 하나님의 약속은 현실을 살아가는 성도들에게 고난 속에서도 확신에 찬 승리의 개가를 부르는 원천이다.

호흡하는 순간마다 주님이 함께하심을 체험하며 하나님의 약속을 믿는 확고한 신앙으로 살아가자. 정직한 삶을 살면서 기쁨으로 덕을 세우고 만나는 사람들에게 최선을 다할 것이다. 기쁨과 소망을 주고 그리스도의 향기를 나타내야겠다.

　죽음이 두려운 것이 아니라 행복하다. 인생의 황혼녘을 더욱 더욱 아름답게 가꾸는 계기가 된다.

　황혼의 태양이 더 붉게 이글거린다.

젊음을 부러워하지 말자

마음의 질투는 몸까지 병들게 한다.

움켜쥐지 말라. 너무 인색한 중년은 외로울 뿐이다.

항상 밝은 성격을 가져라.

중년기의 불안과 초조는 건강을 위협한다.

남에게 의존하지 마라. 의존하기 시작하면 인생은 급격히 내리막길을 걷게 된다.

감정에 솔직해라. 젊은 척, 아는 척, 부유한 척하는 자는 삼척동자에게도 왕따 당한다.

아무 일에나 참견하지 마라.

참견보다는 후원과 격려에 치중하라.

신앙을 가져라. 신앙생활은 인생의 석양을 우아하게 만든다.

자신에 대한 연민에서 벗어나라. 나만큼 고생한 사람, 나만큼 외로운 사람 등의 표현은 자신의 나약함을 노출할 뿐이다.

인생의 계획을 세우자. 이제는 인생을 관조하는 지혜가 필요하다.

체념할 것은 빨리 체념하라. 이제부터는 새로운 인생이 시작된다는 것을 기억하자.

젊음을 부러워하지 말자.

강건한 믿음

하나님의 약속을 굳게 믿는 사람은 영생을 확신하고 이 세상에서 흔들리지 않는 삶을 살 수 있다. 장차 성도들이 받아 누릴 축복은 하나님 나라에서 실현될 영원한 생명과 영원한 축복이다.

마지막 날에 주어질 영광스러운 세계를 예수 그리스도를 통해서 볼 수 있게 해주신다. 오늘의 위험과 절망 속에서도 약속을 굳게 믿는 성도들은 굳세게 일어나서 영광스러운 미래를 향하여 힘차게 걸어갈 수 있게 된다. 이것이 신앙생활이다.

세상을 이길 수 있는 힘은 믿음이다. 부활 신앙을 믿는 우리는 담대한 믿음을 가지고 살아야 한다. 이제는 내가 사는 것이 아니요 그리스도가 사는 것이니 죽는 것도 유익할 뿐이다. 죽으나 사나 주의 것이다. 죽으면 영광스러운 최후에 상급을 받을 순교자가 되는 것이다. 살게 되면 이는 사랑하는 성도들에게 유익이 된다.

주님의 부활은 실로 우리가 죽어도 살겠고, 살아도 영원한 천국에서 창조 당시의 원래 모습을 회복하여 영원한 은혜 속에서 살 것임을 약속하는 역동적인 희망의 근원이다.

하나님의 약속을 붙들다

하루가 멀다 하고 급변하는 세상, 불안과 동요, 처처에서 창검에 날카로움을 더해가는 죄악된 세력들.

그러나 성도는 예수의 생명, 영원하신 하나님의 생명에 접붙임을 받은 존재로 거듭난 사람들이다. 넘치는 여유와 생명을 받을 수 있다. 믿는 사람들은 하나님의 약속에 굳게 설 수 있고, 이것에 의지해서 영생을 확신하며 흔들리지 않는 삶을 살 수 있다.

그리스도를 통해 끝 날이 우리 앞에 놓여 있음을 보

고 믿기 때문에 우리는 기뻐할 수 있다. 고난 가운데서도 내일의 승리를 보고 기뻐할 수 있다. 교회를 통해서 하나님은 우리를 어머니처럼 먹여주시고 보호해 주시고 안아주신다.

늘 곁에 계셔 주시고 마지막 날에 주어질 영광스러운 세계를 그리스도를 통해 볼 수 있게 해주신다. 성령께서 우리에게 믿음을 주시기 때문에 우리는 기쁘게 살며 오늘의 절망과 위험 속에서도 굳세게 일어나서 영광스러운 내일을 향해 힘차게 걸어 나갈 수 있게 되는 것이다. 늘 하나님 앞에 즐거운 찬송, 믿음의 찬송을 부를 수 있게 되는 것이다.

믿는 자들에게 이보다 더한 기쁨이 있을 수 있을까? 예루살렘을 사랑하는 이들이여, 모두 함께 즐거워하자.

축복

내 인생의 가장 큰 축복은 황혼의 조용한 시간에도 별빛처럼 쏟아지는 하나님의 은혜 안에 거한다는 사실이다. 평생 살아온 삶에 부어주신 축복이 눈물나도록 많지만 하나님 한 분만으로 내 삶을 기뻐할 수 있는 것이야말로 참된 축복이다.

한 송이 꽃처럼

가을에 피는 꽃 한 송이가 되어 우아하고 아름답게 소망을 가지고 기쁨으로 살아가고 싶다. 모든 꽃과 초목이 낙엽 되어 떨어지는 인생의 가을에 나는 한 송이 꽃이 되고 싶다. 밝고 건강하고 긍정적으로 천국을 소망하는 가운데 기쁨과 사랑과 평화를 가질 수 있는 삶을 살아가고 싶다.

웃음의 힘

웃으면 면역력이 강해지고 행복지수가 올라간다.

"여호와께서 시온의 포로를 돌려보내실 때에 우리는 꿈꾸는 것 같았도다. 그 때에 우리 입에는 웃음이 가득하고 우리 혀에는 찬양이 찼었도다. 그 때에 뭇 나라 가운데에서 말하기를 여호와께서 그들을 위하여 큰일을 행하셨다 하였도다. 여호와께서 우리를 위하여 큰일을 행하셨으니 우리는 기쁘도다. 여호와여 우리의 포로를 남방 시내들같이 돌려보내소서. 눈물을 흘리며 씨를 뿌리는 자는 기쁨으로 거두리로다. 울며 씨를 뿌리러 나

가는 자는 반드시 기쁨으로 그 곡식 단을 가지고 돌아오리로다."(시편 126편 1~6절)

입 안에 웃음이 가득 차 있기 때문에 입만 열면 웃음이 나온다는 것이다. 마음속에 독기가 가득 차 있으면 입 안에도 독이 차기 마련이다. 그래서 입만 열면 독한 말이 나오는 것이다. 마음이 평안하면 입에도 평안이 가득하고 웃음도 가득할 것이다.

웃고 즐기는 사람은 스트레스에 시달리는 사람보다 상처가 빠르게 치유된다. 여성들에게는 돈 안 드는 화장이 된다. 통증치료사 데이비드 보레슬러는 환자들에게 한 시간에 두 번씩 거울을 보고 웃게 하는 처방을 내렸다고 한다. 웃으면 통증도 사라지고 감소되기도 한다.

"선한 말은 꿀송이 같아서 마음에 달고 뼈에 양약이 되느니라."(잠언 16장 24절)

주님을 의지하는 복

시편 기자는 편안한 장막에서 많은 날을 지내는 것보다 문지기로 있어도 하나님의 성전에서 지내는 하루가 좋다고 노래하였다. 하나님의 전은 하나님께서 그 이름을 두기를 기뻐하시는 곳이다. 하나님의 임재를 상징하는 곳이다. 성전을 갈망하는 것은 살아 계신 하나님을 갈망하는 것이다.

시편 기자는 하나님의 전을 사랑했고 성전에 올라가기를 간절히 사모하여 몸과 마음이 쇠해질 정도라고 노래했다.

그가 성전을 얼마나 열렬히 사모했던지 성전에 기거하는 참새와 제비가 부럽다고까지 하였다. 이렇게 노래한 것은 하나님과 함께하는 삶이 가장 복된 인생임을 깨달았기 때문일 것이다.

하나님께서 임재하시는 곳은 하나님과 거룩한 교제가 이루어지는 곳이요, 기도와 기쁨과 찬양이 넘치고 성도들의 아름다운 교제가 이루어지는 곳이다. 날마다 말씀 안에서 더욱 힘을 얻고 주의 전을 사모하며 하나님과 깊은 교제에 힘쓰는 삶을 살아가고 싶다.

하루를 산다는 것은

순간을 사는 일이 하루를 만들고 하루를 사는 일이 한 생을 이룬다.

하루를 사는 일은 마지막처럼 정성을 다하고 평생을 사는 일처럼 길게 멀리 볼 일이다.

많은 사람들이 젊은 날의 시간을 의미 없이 낭비하고는 뒤늦게 "지난 시간으로 돌아갈 수 있다면 다르게 살아볼 텐데."하며 후회하고 아쉬워한다.

누구는 공동묘지의 수많은 비석도 부끄러운 삶에 대한 변명이라고 이야기한다.

한 번 지나가면 다시 살 수 없는 시간이다.

순간의 시간을 뜨겁게 사랑하며 살아야 한다.

하루를 사랑으로 사는 일은 너그러워지고 칭찬하고 겸손하고 진지해지는 것을 의미한다.

하루를 사랑으로 끝내는 일은 반성하고 감사한 마음을 갖는 것이다.

우리는 지금까지 살아오면서 감사할 일이 수없이 많았다. 받은 은혜와 축복을 되돌아보며 감사한 일들을 생각해 보자. 행복은 모든 일에 감사하며 살아가는 태도에 달려 있다.

Part 4
사하리 폭포에서 봄샘을 그리며
(Picturing 'spring fountain' at Sahalie fall)

사하리 폭포에서 봄샘을 그리며

원우현 / 고려대 명예교수, 한국사회과학협의회 회장 역임

어머님이 이 세상을 떠나가신 지 2년이 되었습니다. 어머님을 향한 그리움은 20여 년 전 한국에 계시던 어머님을 연상케 했던 사하리 폭포로 나를 데려다주곤 합니다. 모처럼 서울을 잊어버리고, 천혜(天惠)의 오리건 지방의 자연을 벗 삼아 나들이를 하던 1999년 8월의 그 어느 날로 말입니다.

"문득 나는 '하늘의 우레요, 드럼의 포효(Thunder of the sky, thunder of drum)'라는 맥킨지 강가의 사하리(Sahalie) 폭포 앞에서 청록색의 물이 돌고 도

는 생동감에 순간 감탄했습니다. 그때 앞자리에서 파트럭(potluck) 파티를 열고 그 분위기를 즐기는 소풍객을 우연히 마주하면서 그저 그리운 어머님을 연상했습니다. 흩어져 사는 우리 가족들이 모두 한자리에 모여서 어머님 팔순 잔치를 열기 쉽지 않은 여건이라는 생각 때문에 마음이 무거웠던 때였습니다. 그 순간 불현듯 내 머리를 스치는 게 있었습니다. 어디에 살든지 우리 가족이 마음에서 마음으로 소통하면서, 황숙희 권사님에 대한 추억과 축하의 글을 모아 음식 한 접시 들고 오는 대신 파트럭 글 잔치를 하면 어떨까 하는 생각에 가슴이 활짝 열렸습니다.

  우리도 어머님 팔순에는 어머님께서 간간이 써놓으

신 20여 편의 글을 밑반찬으로 하고 흩어진 형제자매들의 정다운 글을 하나씩 모아 놓으면, 봄날 샘물가에서 깔깔대며 두서없지만 신나게 조잘대는 아낙네들의 이야기 장(場)처럼 소박하지만 진솔하고 즐거운 팔순 기념 축하연을 잘 해낼 수 있겠다는 전망이 보였기 때문입니다. 파트럭 파티가 원래 전문적이고 요란한 음식 솜씨를 뽐내는 자리가 아니듯이, 글을 쓰며 구태여 세련된 문장 솜씨나 문학적 가치를 의식할 필요가 전혀 없이 할머니에게 매달리고 아양 떠는 손자 소녀의 가벼운 마음이면 필요하고도 충분하다는 자기 합리화를 쉽게 할 수 있었습니다. 봄날 샘물가의 아낙네 이야기들이 그렇듯이 아들 딸, 손자 손녀가 어머니와 할머니를 자기 나름대로 회상하는 글을 엮으면 그 자체가 황숙희 권사님의 80년 생애가 모자이크처럼 그려질 것이고, 또한 처음도 끝도 없이 서로가 어머니와 할머니를 주인공으로 정담과 사랑을 나누는 자체가 온 가족 공동체에 하늘의 은혜가 넘치고 모두가 밝은 내일을 꿈꾸는 축복이 될 것이라는 기대감을 가졌습니다. 특히 하나님의 축복 가운데 살아온 우리 집안 모두가 어머님의 신앙적 고백을 글로 엮어 책으로 하나님께 올려 드림으로써 하나님께 영광을 돌리고 경배와 찬양의 제단을 마련할 수 있을 것이라는 상상을 하였습니다.

〈봄샘의 세월〉은 그렇게 발간되었습니다.

나는 어머님께서 칠순이 지나셨는데도 밤늦게까지

방을 어지럽히시면서, 성경 등 자료를 뒤적이며 메모하고 지우고 다시 쓰시는 모습을 종종 볼 수가 있었습니다. 그때마다 나는 "어머님, 이거 다 무얼 그렇게 쓰시는 거예요?" 라고 하며 무심하게 지나쳐 버렸습니다. 어머님의 응답은 "뼛속이 하도 쑤셔서 뭔가 좀 하며 잊고 지낼까 해서 그냥 이것저것 뒤적이는데 뭐가 뭔지 모르겠다."는 것이었습니다. 팔순 전후로는 원인 모를 통증이 있으신데 병원에서는 류마티스 증상이라고 하면서도 근본 치료는커녕 통증이 심해져도 치료효과를 내기 어렵다는 반응이어서 우리들은 기도하면서 그저 안타깝게 지켜만 보았습니다. 그래도 어머님께서는 주로 신동아 아파트 바로 앞 온누리교회 새벽기도에 개근하시면서 새벽기도로 예배하시는 게 하루의 시작이셨습니다. 어떤 때는 식사준비를 하고 기다려도 기도에 시간 가는 줄 모르셨습니다. 슬하에 그 많은 자녀손을 일일이 거명하면서 국가와 민족을 위해 간구하는 기도에 몰입하셨던 것이지요. 집으로 모시고 와서 조찬을 하시고 나면 성경을 펴고 새벽 기도 말씀에 나온 구절에 줄을 그으시고 다시 쓰셨습니다.

처음엔 그냥 지나쳐 버렸던 글들이 모이면서 그 분량이 적지 않을 뿐 아니라 내용 면에서는 슬하에 많은 자녀손, 일가친척은 물론 교회와 우리 사회와 인류의 구원을 간절히 바라는 기도가 가득하였습니다. 그러기에 〈봄샘의 세월〉은 어머님의 평범한 일상의 이야기이면서도 당신 자신의 뼈저린 신앙 간증이요 고백이며 세상을 사는 지혜로 그득합니다.

　어머니라는 이름은 그 자체가 누구에게나 육신의 뿌리요 마음의 고향이며, 자녀손들의 우주이시며 역경을 이겨낼 수 있는 사랑의 원천이 될 수가 있을 것입니다. 어머니의 사랑은 물과 공기처럼 늘 자녀들에게로 흘러가는 것이기에, 자녀손들은 잘 느끼지도 못하고 감사하기보다는 일방적인 요구의 대상으로 여겨지기 쉽습니다. 우리 어머님께서는 어린 시절 풍족했을 때나, 고난의 피난길에서나 봄의 샘물처럼 목마르지 않는 사랑의 물줄기를 대주셨습니다. 우리에게 그리스도의 사랑을 보이시고 어머님 자신은 스스로 성경 속 진리의 말씀으로 채우시기를 게을리하지 않으셨습니다.

세계 지도를 펴 놓고 보면 그 이름이 잘 알려진 유명한 폭포가 많습니다. 그러나 사하리(Sahalie) 폭포는 관광 책자에 큼지막하게 소개될 정도로 소문난 관광 명소는 아닙니다. 따지고 보면 어머님도 글 솜씨를 뽐내는 이름난 문장가도 아니시고 사회적 유명한 명사도 아니시며 자녀를 키우면서 평범한 일상을 살아오신 주부이시고 교회를 하늘이 세우신 전당으로 믿고 사시는 교인일 뿐이십니다. 그래서인지 큰 소문은 나지 않았지만 방문객의 마음을 새롭게 해주는 사하리 폭포에서 나는 왠지 어머님의 이미지를 느끼고 떠올릴 수 있었습니다. 사하리 폭포 안내판에 적힌 '물의 노래와 비밀'이란 글처럼 어머님은 마음의 샘에서는 생명수가 깊은 내면의 소리로 이 세상 사는 여정을 노래하고(a deep voiced travel song) 언제나 젊은이로 사시려는 나이를 잊은 매력(ageless attraction)이 늘 풍기는 여인이셨습니다.

   나는 하루가 지루하고 기운이 떨어질 때마다 사하리 폭포를 찾아가곤 했습니다. 폭포수 길을 산보하는 코스에 들어서자마자 언제나 청록색의 물살이 역동적으로 내리흐르며 폭포수의 깊은 내면에서 솟구쳐 튀어나오는 낙수의 포효가 그대로 소풍객들의 가슴을 덮습니다. 그때의 그 느낌은 심령에 박힌 죄와 허물을 순식간에 훑어 내고 씻어버리는 짜릿한 세례를 받는 듯합니다. 어딘가 멀디 먼 하늘나라에서 급강하하는 듯한 소용돌이 안에서 우주의 생기를 느끼며 영원으로 향하는 하늘의 은혜를 맛볼 수 있습니다. 동시에 나는 멍때리는 시간 속에서 사하리 폭포와 어머님을 연결 지어 꿈을 꾸곤 합니다.

 어머님의 호(號)는 춘천(春泉, Spring Fountain)입니다. '춘천'이란 말에는 계절도 없이 샘솟는 물의 근원이라는 뜻이 담겨 있습니다. 춘천 황숙희 권사도 주님의 복음을 근원 삼아, 세상을 딛고 사신 것이 아니라 어떻게 보면 세상 위로 걷고 사셨습니다. 춘천하면 강원도 춘천(春川)시가 생각이 납니다. 어머님의 호와 한자는 다르지만 한글은 같습니다. 우리 외가는 강원도 춘천시 운교동 49번지로 넓은 터에 큼직하고 그 당시로는 현대적인 양옥집이었습니다. 나는 외동딸의 장남으로 방학 때면 춘천 소양강에서 멱을 감고 외할머님께 갖은 응석을 부리며 자연과 더불어 살던 기억이 늘 새롭고 지금도 항상 그립습니다. 어머님께서 샌프란시스코에 계실 때 상항감리교회 교우들과 교양과 취미생활을 즐기면서 젊게 사셨습니다. 그때 어머님께서는 도자기 실습을 받으시면서 손수 구우신 도자기에 '春泉黃淑姬'라는 글을 새겼습니다. 어머님께서는 고향도 춘천이시고, 외할아버님(黃恒根)께서 군수로 임지를 강원도 내에서 산 좋고 물 맑은 곳으로 옮기실 때마다 정기와 기운을 받으며 살아오셨고, 시집오신 후 봄의 샘물처럼 다시는 목마르지 않는 생명의 말씀을 믿고 십자가의 보혈로 구원을 얻는 그리스도인의 삶을 택하셨는데, 이러한 점들이 어머님이 봄샘 '춘천(Spring

Fountain)'을 자신의 호로 삼으신 것을 잘 설명해주는 것 같습니다.

  나도 나이 60을 바라보는 큰아들이지만 어머님 앞에서 밥상투정을 하는 어린아이같이 어머님이 하지 말라는 짓도 곧잘 합니다. 〈봄샘의 세월〉 출간만 해도 어머님께서 "우현아, 어디 팔순 잔치하는 사람이 있는지 보아라." 하시면서 극구 마다하시고 책 이야기는 처음엔 꺼내지도 못하게 하시며 완강히 고집하시는 것을 교묘하게 피하여 책을 세상에 내놓고 마는 불효를 또 한 번 했습니다. 파트럭 글 잔치라는 기발한 발상을 빌미로 어머님께서 일생 동안 수줍은 듯 강인하게 자신은 드러내 보이지 않고 살아오신 성품을 정면으로 거슬렀으니 말입니다."

   그래도 말입니다. 그때로부터 20여 년이 지난 지금, 2021년 5월 9일 어머님의 소천 2주기에 〈남는 건 사랑뿐일세〉가 생수의 샘물이 끊임없이 넘쳐나는 듯한 성령의 은혜로 4쇄를 내면서 사하리 폭포에서 '봄샘'을 연상하던 글을 싣는 것은 어머님께서 용납해주시리라 믿습니다.

   어머님을 향한 진한 그리움을 달래려, 사하리 폭포에서 보았던 영어시를 옮겨봅니다. 우주만물을 창조하시고 우리를 사랑으로 채워주시는 하나님 아버지께 모든 영광을 돌립니다.

Water Songs and Secrets

Thunder of the sky,

Thunder of the drums,

Thunder of the falls,

A timeless song cycle.

Here water sings

a deep voiced travel song

and crystal clear springs

harmonize year around.

Will the Mckenzie always flow here?

천국에 계신 어머님을 그리면서

이방숙 / 연세대 명예교수, 연세대학교 음악대학 학장 역임

어머님이 하늘나라로 가신 지 2년이 되었습니다.

멀리 계시다는 생각을 하니, 22년 전 미국에서 한국에 계시던 어머님께 띄운 빛바랜 편지를 꺼내 읽어보며 그리움을 달랩니다. 어머님께서 떠나실 때까지 늘 가까이 간직해 두신 것입니다. 저의 건강이 많이 약해지고 보니 어머님을 향한 그리움이 더해지는 병까지 생긴 것 같습니다.

"사랑하고 존경하옵는 어머님께 올립니다.

제가 서울을 떠나온 지 벌써 한 달이 지났습니다. 더운 여름철 장마기간에 어떻게 보내고 계시는지요? 더위를 많이 타시는 어머님께서는 여름 견디기가 무척 힘드시죠? 이곳 서늘한 유진에서 지내다 보니 긴 장마의 후덥지근한 여름에 서울서 지내는 가족을 생각하면 죄송한 생각이 들곤 합니다.

순우 아범과 같이 차를 타고 여행을 하다보면 예전, 1983년에 어머님과 함께 보스턴에서 동서로 미 대륙을 횡단하며 작은 차에서 같이 보내던 지나간 시절이 떠오르곤 합니다.

한 여름이었는데 저희는 지치고 귀찮아서 옷 갈아

입는 것도 게으름을 피웠는데 어머님은 매일같이 산뜻한 새 옷차림으로 아침을 맞이하곤 하셨지요. 지금 저희 나이가 어머님의 그때보다는 몇 살 아래인데도 집을 떠나 이틀쯤 되면 지치고 짜증이 날 때가 있는데, 그때 그 시절의 어머님을 생각하면 창피하고 부끄러운 생각이 듭니다.

항상 마음이 젊으시고 모든 면에서 진취적이고 긍정적인 생각을 가지시는 어머님을 뵐 때마다 저는 부럽습니다. 특히 나라를 위해 밝은 미래를 지향하며 우리나라의 좋은 점을 칭찬하시며 정치가를 위해 힘을 북돋아주는 기도의 마음을 가지시는 어머님의 신앙적이며 애국적인 정신을 존경합니다.

요즈음 신체적으로 불편을 겪으시는 어머님을 뵈올 때 저의 무력함이 죄송합니다. 따뜻한 위로의 말씀도 제대로 드리지 못하고 안마 한 번 못해 드리고, 사실 저는 이십 여 년 젊은 나이인데도 벌써 이곳저곳 쑤시고 아프니 창피할 때가 많습니다.

불편한 중에도 어머님 방에서 몸을 웅크려 글을 쓰시는 어머님을 뵐 때 또 한 번 질투를 느끼곤 합니다. 밤에 불면증에 시달리면서도 새벽기도에 참석하시고 또 저희를 위해 특별한 아침식사를 준비하곤 하시는 자식에 대한 무한한 사랑에, 나부터 먼저 생각하는 저로서는 창피한 나머지 속상할 때도 있습니다.

직장에 나간다는 핑계로 대강대강 적당히 지내는 저의 생활 태도에 역정 한 번 안 내시고 참고 이해하시려고 애쓰시는 것을 다 알면서도 겉으로 드러내며 감사함을 표시하지 못하고 있습니다. 남들은 제가 어머님을 모시는 줄로 생각하겠지만, 사실은 어머님이 저희들을 위해 돌봐주시며 불편한 생활을 보내고 계시지요. 참회의 기도를 드리면서도 돌아서서는 똑같은 행동을 보이니 철없는 아이와 같아 저 자신에 대해 화가 나곤 합니다.

피아노 방이 어머니 방과 붙어 있어서 무척 시끄럽고 불편하실 텐데 내색 한 번 아니하시는 어머님. 연세가 높으신데도 노인 티를 안 내시고 모든 걸 혼자 힘으로 해결하려 하시고 다리, 허리가 불편하시면서도 택시 타는 것을 마다하시고 전철과 버스를 타시기를 고집하시는 어머님. 요즘도 차리고 나서시면 한창나이 같은 화사한 모습의 우아하고 아름다운 자태가 저는 얼마나 고맙고 부러운지 모릅니다.

사랑합니다. 존경합니다.
어머님, 오래오래 젊음을 유지하고 사십시오.

1999년 7월 11일, 부족한 첫째 며느리 방숙 올림"

그리운 어머님, 백수에 이르시기까지 류머티즘으로 몹시 힘드신데도 글을 쓰시며 고통을 달래시던 어머님이 많이 생각납니다. 더 이상 고통도 눈물도 나이 듦도 없는 천국에서 안식하실 어머님을 생각하며 저의 약하고 약한 마음을 추슬러 봅니다.

천국에서 다시 만날 날을 기다리면서…….

우리 할머니는요

Won Victor 순우 / 메이크뉴 대표,
Good Data Corporation 대표 역임

우리 할머니는 신세대이다.

그래서 부모님보다 대화가 더 잘 통한다.

우리 할머니는 마음이 젊다.

그래서 전철 경로우대석은 마다하신다.

우리 할머니는 건강하다.

그래서 노인행세는 사양하신다.

우리 할머니는 부지런하다.

그래서 육신의 건강을 지킨다.

우리 할머니는 공부한다.

그래서 영적 건강을 지킨다.

우리 할머니는 울음은 삼킨다.

그래서 강해 보인다.

우리 할머니는 침착하다.

그래서 곁에 있으면 마음이 평안하다.

우리 할머니는 요리를 뽐내신다.

그래서 많이 먹으면 기쁘시다.

우리 할머니는 현명하다.

그래서 원하는 부탁은 기도한다.

우리 할머니는 홀로 장군이다.

그래서 도움 받는 일은 사절이다.

우리 할머니는 늘 기도한다.

그래서 주님 안에 축복을 누린다.

우리 할머니는 생활의 산 교훈이시다. 그래서 결국 나는 육신과 마음을 젊고 건강하고, 부지런히 늘 공부하며 항상 기도하는 젊은 아저씨로 일생을 살 수 있는 비결을 알고만 것이다.

더욱이 비결만 알고 행함이 없는 우리를 보라. 먼 훗날 우리가 할머니의 이 22행 시구 중 몇 줄이나 후손에 전해줄 수 있을까? 그래서 할머니는 저 멀리 존경받는 귀감으로 자리하실 것이다.

* 필자가 1999년에 쓴 글입니다.

My Grandmother's Hands

Won Sandra 순재 / Ph. D in Neurology,
Brown University Researcher 역임

This period of COVID isolation has given me a chance to reflect with much gratitude on the visit I was able to have in the summer of 2018 to go back to Korea. At the center of this gratitude was being able to see my 할머니 one last time before her passing. During my childhood, I was able to see my 할머니 quite a bit, either through her visits to us in the States or during my time in high school living in Seoul. After returning to the States for college, it became more difficult to see my 할머니. I had fewer opportunities to go to Korea, and her older age made it difficult for her to travel overseas. So when she was approaching her 100th birthday, there was a sense of urgency to the trip I wanted to take to introduce my 3 girls to their motherland. I wanted another chance to see my 할머니. I heard from my father how strong in body, mind, and spirit she still was at her age, and it was wonderful to see in person how true that was. It was an incredible blessing to visit her with my parents and the 7 great grandchildren between me and my two sisters. We all enjoyed seeing her bright smile and were amazed at her ability to energetically and enthusiastically interact with all of us, including the little children. On the plane back to the States, I had a lot of deep emotions surrounding what I knew was the last time I had seen my 할머니. I wrote a poem to commemorate that special time:

I am sitting here holding my grandmother's hands.

We are sitting in silence.

I am so happy.

So grateful.

Years of frustration and angst are slipping away as she grips my hand, and I grip hers.

Years of wanting to write a card and say more than Merry Christmas and Happy New Year like a 5-year old.

Years of wishing everything I wanted to tell her about myself and ask about herself could roll off my tongue.

Years of sitting instead in my limitations.

But now

Our hands are doing the works our words couldn't do.

But now

I remember all the times she knitted beautiful clothes for our dolls

All the times she made delicious Korean food for me with the vegetables she grew in a garden in our backyard.

All the times I saw her turning the pages of her Bible, praying on the floor of her bedroom as I passed by early in the morning.

All the times I saw her that she met me with her energetic spirit and smile and joy.

Her hands were doing the work our words couldn't do this whole time.

Somehow I knew I needed to come back and see her.

So with my hands I tell her I love her.

With my hands I tell her I am grateful to her for all the ways she loved me.

We are sitting holding hands,

my grandmother and me.

Now 2 years after 할머니's passing, I have had the wonderful opportunity to hear old stories again from my father about our Won family. Now I have a greater appreciation of the legacy my 할머니 left our family. She was a generational bridge to our family blessing. I believe she carried the torch from my great-grandmother whose prayers covered her 7 sons during the Korean war and now the blessing of her love for the LORD and faithfulness to His commandments has continued God's love shown to the generations after her. My 할머니 followed in her mother-in-law's footsteps to faithfully support her local church and pastors, to cover every member of our family with prayers (I can still see her apartment with pictures of children, grandchildren, great-grandchildren from the last time I saw her), and to persevere faithfully in faith throughout her life. My 할머니 endured the Japanese opposition, the Korean War, early widowhood, and I believe she was able to do all of this through her deep faith. This is the legacy she leaves. For that, I am eternally grateful.

"You shall have no other gods before me.

You shall not make for yourself an image in the form of anything in heaven above or on the earth beneath or in the waters below.

You shall not bow down to them or worship them; for I, the Lord your God, am a jealous God, punishing the children for the sin of the parents to the third and fourth generation of those who hate me, but showing love to a thousand generations of those who love me and keep my commandments."

(Exodus 20:3-6)

When I think of my Grandma

Won Carol 순영 / 미국 Educational Consultant for
Heinemann Publishing Co.,
Newton Elementary school Teacher 역임

When I think of my Grandmother,

my heart smiles and I think of....

love,

six children,

thirteen grandchildren,

two great-grandchildren!

She is...

beautiful,

strong,

dedicated,

full of life.

She gives...

security,

care,

confidence,

encouragement,

faith,

hope,

and unconditional love.

(1997.7)

Dear Grandma,

I feel special knowing you took care of me and raised me during my first years of life. As a baby, I did not know how blessed I was to be in your constant care, but as I think about it now, I am very thankful. I have that unique bond with you, and it will always make me feel close to you.

I love you very much.

With respect, gratitude, and love.

Soon Young

All that remains is love

May. 2021
Hwang Sook Hee
Dabida Publishing Co.

Part1. Coram Deo

A servant of the Lord

Faith like a cedar

A life which abides in Jesus Christ

A life of a wanderer

Hope found in the Lord

Prayer and service for this day and age

Jesus, our vine

Part2. Sweet Home

Mother, a channel of blessing

Beautiful family

Prayer lifted up for the family

Words for wife and husband

Ultimate happiness : love

Hidden treasure

Songs for Love

A woman with virtue

A memorial prayer
for husband Won Chee Seung

A mother`s note to her eldest son

Joyful news at the end of 2017

English cover title

Part3. Thoughts of twilight years

A beautiful Life

A life full of Joy and praise

Beholding eternal life

True wisdom

Rest for the soul

Seasons of life

Brilliant twilight

At twilight, the sun glows brighter

Always young at heart

Solid faith

Hold to the promises of God

Blessings

Like a flower blossom

Power of laughter

The blessing of trusting in the Lord

Live each day to its fullest

Part 4. Picturing 'spring fountain' at Sahalie fall

Picturing 'Spring fountain' at Sahalie fall
(Won, Woo Hyun)

Yearning to see my mother in heaven
(Lee, Bang Sook)

Let me tell you about my grandma
(Won, Victor)

My Grandmother's Hands (Won, Sandra)

When I think of my Grandma (Won, Carol)

남는 건 사랑뿐일세
All that remains is love

초판 1쇄 발행 / 2018년 1월 10일
초판 2쇄 발행 / 2018년 2월 10일
초판 3쇄 발행 / 2019년 5월 1일
초판 4쇄 발행 / 2021년 5월 9일
지은이 / 황숙희
펴낸곳 / 도서출판 다비다
주 소 / 서울시 성북구 동소문로 54, 대아빌딩 3층
전 화 / 02-909-6613
신고번호/ 제307-2013-70호(2013.12.3)
디자인 / 기쁨의 집 (T. 031-969-6252)

ISBN 979-11-951674-3-2 (03230)

책 가격은 뒤표지에 있습니다.

이 책의 내용을 사전동의 없이 무단으로 복사
또는 전재하여 사용할 수 없습니다.